GÉOPOLITIQUE DE L'ALIMENTATION

Maquette couverture et intérieur : Isabelle Mouton.

Retrouvez nos ouvrages sur

www.scienceshumaines.com
www.scienceshumaines.com/editions

Diffusion et Distribution :
Interforum

38, rue Rantheaume
BP 256, 89004 Auxerre Cedex
Tél. : 03 86 72 07 00/Fax : 03 86 52 53 26
ISBN = 978-2-36106-481-5

GÉOPOLITIQUE DE L'ALIMENTATION

Gilles Fumey

Préface de Juliette Helson

La Petite Bibliothèque de Sciences Humaines
Une collection créée par Véronique Bedin

Éditions Sciences Humaines

DU MÊME AUTEUR

Atlas de l'alimentation, CNRS-Éditions, 2018.

Les Premiers photographes, avec O. Loiseaux, BNF-Glénat, 2018.

Atlas global, avec C. Grataloup, Les Arènes (2e édition), 2016.

L'Alimentation demain (dir.), CNRS-Éditions, 2016.

Tsukiji, le marché aux poissons de Tokyo, avec F. Georgens et J. Nozawa, Akinomé, 2016.

Du terroir au garde-manger planétaire (dir.), Éditions du CTHS, 2016.

Le Roman du chocolat suisse, Le Belvédère (Gourmand Award Culinary History 2014), 2013.

Les Radis d'Ouzbékistan. Tour du monde des habitudes alimentaires, François-Bourin Éditeur (prix TerrEt hique des lecteurs, 2012), 2011.

Manger local, manger global. L'alimentation géographique, CNRS-Éditions, 2010.

Les Champs du monde. Nourrir la planète, Glénat (prix Hercule-Catenacci de l'Institut 2010), 2009.

Mobilités contemporaines. Approches géoculturelles des transports, avec P. Zembri et J. Varlet, Ellipses, 2009.

Géopolitique de l'alimentation (1re édition), Éditions Sciences Humaines, 2008.

Le Canard. Cuisine et saveurs, Éditions de Montbel, 2007.

Est-ce ainsi que les hommes vivent. La Terre, Éditions du Chêne, 2006.

Atlas mondial des cuisines et gastronomies, avec O. Etcheverria, Autrement (rééd. 2009 ; Gourmand World Cookbook Award 2005), 2004.

L'Agriculture dans la nouvelle économie mondiale, Puf, 1997.

Aux paysans de Franche-Comté qui m'ont tant appris,
et à ceux du monde qui luttent pour leur survie.

L'ALIMENTATION, UN BIEN PUBLIC À PROTÉGER

Il y a quelques années, on enseignait l'idée que les pays riches, États-Unis en tête, possédaient un « pouvoir vert ». Ce *green power*, c'était au temps de la Guerre froide, le sentiment qu'on allait faire pression sur ses ennemis en les menaçant de ne pas livrer les céréales dont ils avaient besoin. L'ex-URSS avait à l'époque grandement besoin de l'aide alimentaire américaine, ce qui était humiliant pour un pays qui possédait l'arme nucléaire. Aujourd'hui, l'expression a disparu et les sciences économiques et sociales ont affiné le rôle qu'exercent l'agriculture et l'alimentation sur les États, les populations et les territoires avec des concepts plus complexes comme la « sécurité alimentaire[1] », formulée à partir des années 1970, et qui a été enrichie par celui de « souveraineté alimentaire » pensée par le mouvement paysan Via Campesina au Sommet de l'alimentation de la FAO à Rome en 1996.

Car les dysfonctionnements liés à l'alimentation sont toujours là. Les pouvoirs publics, les entreprises et les citoyens mangeurs sont tous concernés, peuvent tous agir pour que cessent les scandales de la faim, de la malnutrition, de la mauvaise alimentation, du gaspillage des ressources, de la dégradation de l'environnement. L'idée que le marché aurait pu suppléer aux défaillances a été une fausse piste et il est à souhaiter que tous prennent la mesure de la gravité de la situation.

1- La définition acceptée par les Nations unies en 1996 est celle-ci : « La sécurité alimentaire est assurée quand toutes les personnes, en tout temps, ont économiquement, socialement et physiquement accès à une alimentation suffisante, sûre et nutritive qui satisfait leurs besoins nutritionnels et leurs préférences alimentaires pour leur permettre de mener une vie active et saine. »

Certes, il n'était pas écrit que les 2,5 milliards d'êtres humains de l'après-guerre, qui sont en 2018 un peu plus de 7 et qui seront 9 milliards en 2050, auraient pu éviter la catastrophe que Malthus craignait. Oui, le modèle industriel a pu suivre la croissance démographique de la fin du XXe siècle. Mais la planète n'a plus les mêmes réserves au XXIe siècle qu'après la Seconde Guerre mondiale ! Nos ressources sont plus que jamais limitées et les scientifiques ne parient plus sur les « révolutions vertes » telles qu'on les a imaginées et appliquées il y a quarante ans. Pourtant, des entreprises multinationales d'origine américaines et issues de la chimie et de la biologie parient sur le vivant qu'elles tentent de préempter par le contrôle de la biodiversité, des semences et des intrants. Un nouveau rapport de force est né et la géopolitique est plus que jamais au cœur de notre future alimentation.

Plus prosaïquement, après la crise de 2008, la prise de conscience que les terres étaient des ressources de première importance a poussé des compagnies et des États du Nord à acheter ou louer des millions d'hectares à des États du Sud pourtant en proie à des crises alimentaires, avec la complicité de leurs dirigeants. Cette mauvaise gouvernance crée un nouveau front géopolitique qui exige qu'on lutte contre ce colonialisme agricole d'autant plus scandaleux qu'il est pratiqué par des pays riches au détriment des populations pauvres.

Les Nations unies ont pris la mesure de la gravité de la situation et publié de très solides propositions sur un droit de l'alimentation, en souhaitant que s'organise une transition vers des systèmes agroalimentaires durables. Durables pour les populations qui verraient s'éloigner le spectre des famines. Durables pour l'environnement qui serait épargné par les pollutions et dégradations liées à des mauvaises pratiques.

Gilles Fumey tente ici une approche nouvelle sur ces rapports de force en mettant face à face les paysans et les industriels, non pas pour les dresser les uns contre les autres, mais pour montrer notamment que la FAO a souhaité renforcer l'agriculture paysanne dans les pays en développement qui est la mieux à même de sécuriser l'approvisionnement des populations les plus démunies.

Dans les pays où règne l'abondance alimentaire, des mouvements populaires et des associations se mobilisent pour améliorer la qualité nutritionnelle des aliments et protéger l'agriculture paysanne, locale et durable. Slow Food est l'une des organisations pionnières qui pose des jalons et permet de proposer d'autres modèles plus solidaires à l'échelle de la planète. Car ce qui se passe ici a des répercussions là-bas. C'est cette prise de conscience que nous impose notre condition humaine. Pour « faire émerger, comme le rappelait Luc Guyau, président du conseil de la FAO, une humanité plus juste et plus respectueuse de tous les hommes ».

Juliette Helson
Présidente de Slow Food Paris Terroirs du monde

- crise de 2008 nombreux impacts

Introduction
POURQUOI UNE GÉOPOLITIQUE DE L'ALIMENTATION ?

Avec le double scandale de la faim au Sud et de la « malbouffe » au Nord, l'agronome Marc Dufumier[1] avait lié deux états de fait qui, apparemment, n'ont pas de lien. Et pourtant, si la collectivité mondiale est bien solidaire avec des institutions comme les Nations unies, il y a tout lieu de penser, comme le philosophe russe, Nicolas Berdiaev, que « le problème de mon pain est une question matérielle, mais celui du pain de mon voisin une question spirituelle ». Autrement dit, même en dehors des questions techniques sur les disponibilités alimentaires, l'injustice posée par cet état de fait nous renvoie aux questions de solidarité. Des questions à la fois éthiques, mais aussi techniques et éminemment politiques. Il faut dire que depuis la violente crise de 2008 au cours de laquelle certains pays du Sud manifestèrent leur colère contre la hausse des prix des matières premières agricoles, le constat s'impose que l'alimentation est un produit hautement géopolitique. Et qu'une grande part des batailles que l'humanité doit mener se fera sur ce terrain géopolitique.

Il faut dire qu'il y a quelques décennies, les marchés semblaient confiants. Seuls quelques produits tropicaux comme le café et le cacao ne payaient pas décemment leurs producteurs. En Asie, la révolution verte avait apaisé les craintes d'une rupture. Les famines, dans le monde, semblaient devenir résiduelles ou délibérément provoquées par des chefs d'État, des « affameurs » selon l'expression de Doan Bui[2] qui y incluait les multinationales du Nord. Et puis

1- M. Dufumier, *Famine au Sud, malbouffe au Nord*, Nil, 2012.

2- D. Bui, *Les Affameurs. Voyage au cœur de la planète de la faim*, Éditions Privé, 2009.

tout s'est emballé. Des émeutes de la faim ont éclaté dans les pays du Sud, qui rappelaient étrangement les jacqueries et les douloureux épisodes de soulèvements d'autrefois. Et l'on se demande pourquoi la FAO (Organisation des Nations unies pour l'alimentation et l'agriculture) et l'OMC (Organisation mondiale du commerce) n'ont pas pu empêcher ce dérèglement du système alimentaire mondial.

La question est d'autant plus pressante que la situation ne s'améliore pas. Chaque millésime apporte son lot de mauvaises nouvelles. 2012 voit les pays du Sahel particulièrement exposés. Dans l'été, le président du Niger, Mahamadou Issoufou, s'alarme pour les deux tiers des familles de son pays vivant en dessous du seuil de pauvreté devant faire face à des augmentations de prix étant supérieurs à 40 % de la moyenne des années 2007-2012. Que faire lorsque six millions de Nigériens manquent de nourriture[3] ? Chaque année amène son lot de paniques. D'autant qu'après une longue période de recul, la faim a à nouveau progressé dans le monde depuis 2017. Pour la FAO, le nombre de personnes sous-alimentées a dépassé les 800 millions et la situation politique catastrophique en Afrique de l'Est n'est pas de bon augure.

Une question d'offre et de demande ?

La géopolitique traite habituellement du rapport des États sur les territoires. Elle fait la part belle aux armes, aux traités, aux alliances entre des acteurs installés dans un rapport de force et, parfois, en conflit. L'alimentation n'a pas d'acteur identifié d'emblée, car tous les êtres humains sont des mangeurs, et donc des acteurs du système alimentaire. D'un autre côté, tous les cuisiniers du monde, les restaurateurs, les industriels et les paysans de l'agroalimentaire sont aussi, à leur manière, des acteurs de cette activité complexe qu'est l'alimentation.

Tous se retrouvent sur les marchés où les prix tanguent depuis la fin de l'année 2007 dans la plupart des pays du monde, accroissant les inégalités entre êtres humains. De nombreuses voix s'élèvent pour ajouter au nombre des droits fondamentaux, celui de se nourrir,

3- M. Issoufou, « Agissons maintenant contre la famine et la crise alimentaire au Sahel », *Le Monde*, 18 juillet 2012.

même si ce droit est déjà inscrit en filigrane dans la Déclaration universelle des droits de l'homme (article 25).

Tous les marchés alimentaires étant entrés en crise, les consommateurs, les organisations internationales et les États ne restent pas inactifs. Les riches réfléchissent à l'idée de freiner leur soif sans fin de consommation: au Japon, c'est Jinnosuke Uotsuka qui milite pour une nourriture simple et saine[4]; aux États-Unis, ce sont des mouvements comme Stop Wasting Food (littéralement: arrêter le gâchis) qui prônent une autre approche de l'alimentation; en Italie est né Slow Food qui dépasse les 100000 adhérents dans le monde pour promouvoir une autre manière de manger. Partout, la question de l'élevage et de son coût environnemental et technique se pose et pousse de nombreux mangeurs à changer leurs comportements. De leur côté, les pauvres essaient de se faire entendre. La FAO pose des jalons pour une résolution rapide de la crise que beaucoup, en dépit des sonnettes d'alarme tirées ici ou là, n'attendaient pas.

Cette crise montre bien à quel point l'alimentation est une activité difficile à encadrer. 70 % de la population mondiale gagne sa vie en produisant des biens alimentaires et la majorité sont des femmes. Les disponibilités alimentaires existent, certes, et sont théoriquement suffisantes pour chaque être humain aujourd'hui. La question serait moins la production elle-même que celle de la gestion et de l'encadrement de la production.

On peut établir une géopolitique de l'offre alimentaire en mesurant les calories consommées. La FAO le fait depuis plusieurs décennies. Mais il y a plus. Une géopolitique mondiale des systèmes alimentaires permet de comprendre comment se font les choix des populations. Pourquoi la viande de bœuf s'impose-t-elle comme un mets de base en Argentine, le porc au Danemark et le poulet en Israël? Et pourquoi sera-t-il difficile, voire impossible de changer ces modes alimentaires? Pourquoi y a-t-il trois grandes « civilisations » organisées autour du blé, du riz et du maïs? Et sur quelles bases se développe l'engouement des Chinois et des Indiens pour le vin, alors que ces deux civilisations du thé avaient découvert la bière au XIXe siècle?

4- Son livre *Les Japonais qui ne font pas pourrir les aliments dans leur réfrigérateur*, Tokyo, éd. Yamato Shobo, 2007.

Mondialisation et géographie du goût

La mondialisation en cours a considérablement affecté l'alimentation. Des manières de manger ont pu paraître interchangeables d'une région à l'autre du monde: les baguettes asiatiques ne rebutent plus les Européens qui apprécient de plus en plus les épices et piments de l'Inde, tandis que le vin progresse en Chine et les légumes en Europe du Nord. La croissance du nombre des restaurants chinois en Europe et aux États-Unis, la généralisation d'une alimentation à base ethnique avec des produits, des plats et des boissons « géographiques » qui vont jusqu'à porter des toponymes (*chili con carne*, biscuit *nantais*, thé *darjeeling*, saucisse de *Strasbourg*, phô *cambodgien*, voire *hamburger*, *parmesan*, riz *basmati*, etc.), tout cela pourrait bien signifier une exigence pressante sur l'origine des produits et des plats parce que la géographie des cuisines[5] se révèle être, lorsqu'elle est bien perçue et protégée, l'une des meilleures garanties de la qualité alimentaire.

Les régimes alimentaires sont en fait très variables d'une aire à l'autre, et les manières de manger, comme les besoins alimentaires, ne sont pas construits à l'identique. La géopolitique de l'alimentation est donc bien une approche en termes de conflits pas seulement économiques, mais culturels. Leur intensité peut déterminer des choix politiques dans les négociations commerciales, des rapports de force entre firmes multinationales et groupes de pression. Ainsi à l'Organisation mondiale du commerce, le Brésil, l'Inde et la Chine ont montré chacun leur détermination mais il n'y a pas d'accord sur le long terme entre ces pays[6]. De même, les associations de consommateurs américains et les militants anti-OGM ont fait pression et ont obtenu de l'entreprise Monsanto en 2008 l'arrêt de la production aux États-Unis d'une hormone de croissance Posilac destinée à accroître la production de lait des vaches. En Europe, ils ont détruit les champs expérimentaux du premier producteur mondial de semences génétiquement modi-

5- La cuisine est un espace circonscrit par trois lieux : l'atelier ou le laboratoire où l'on confectionne la recette, le marché où l'on achète les produits, la table, enfin, où l'on déguste. En Occident, le discours sur la cuisine a été recouvert par la gastronomie, monopolisant l'énoncé des plaisirs, et par la nutrition, exposant l'état d'un savoir scientifique créé au XIXe siècle.

6- Voir chapitre V.

fiées de maïs type MON810. La prise de conscience en France que seulement quatre firmes (Euralis, Limagrain, DuPont Pioneer, Monsanto en cours de rachat par Bayer) contrôlent l'ensemble des semences céréalières conduit à réaliser que ce bien semi-public est en passe d'être privatisé. Monsanto et DuPont Pioneer détiendraient, en 2018, à eux seuls plus de brevets sur les génomes végétaux que toutes les structures de recherche publique du monde réunies[7].

Derrière ces conflits se profilent tous les enjeux concernant le type d'alimentation que nous voulons pour demain : la question n'est pas de penser une alimentation pour tous qui serait universelle. Elle est de voir comment garantir un accès le plus large possible à une alimentation de qualité, non assujettie aux règles du profit. Se nourrir est non seulement un besoin vital, c'est aussi l'un de nos plus intimes rapports au monde.

7- G. Élie, *La Plaine*, Éditions Amsterdam, 2018, pp. 59-60.

Chapitre I
SE NOURRIR N'EST PAS QU'UNE QUESTION AGRICOLE

Lorsque sonne le retour des ventres creux dans les années 2000, les populations des pays en développement sont en colère moins parce que les greniers sont vides que parce que les prix grimpent à des niveaux insupportables. Pour le commun des mortels, cette situation dérive de l'accroissement de la population mondiale, des ruptures de stocks et, surtout, de l'entrée de la Chine sur de nombreux marchés. D'autres réponses plus complexes, comme l'action de l'Organisation mondiale du commerce (OMC), la place des biocarburants, ou encore les politiques agricoles, expliqueraient cette montée de la colère. Tous ces facteurs restent très controversés. Curieusement, rarement la question de la suralimentation et du gaspillage dans les pays riches est traitée. Rarement sont remis en question les liens entre la consommation de viande au Nord et le manque de céréales au Sud. On alerte toujours le monde sur la difficulté qu'il y aura à nourrir neuf milliards de bouches dans les décennies qui viennent et la situation tendue de la production agricole. Que la FAO et l'OMC soient incapables d'organiser les marchés à l'échelle mondiale ne fait pas vraiment scandale. Qui perçoit réellement la vocation de ces organismes ? Et d'ailleurs, les marchés peuvent-ils être gouvernés par des organisations internationales ?

Une « mondialisation de l'alimentation » conduirait inéluctablement tous les pays vers le modèle alimentaire des pays industriels ? Toutes les prévisions des besoins sont évaluées sur la base de ce qui est consommé dans les pays riches avec l'idée que cette alimentation-là est un « progrès ». Certains économistes et agronomes osent des affirmations comme celle-ci : « Malgré toutes les critiques (dont beaucoup sont légitimes), malgré tous les énervements et les motifs d'insatisfaction, malgré les nombreuses imperfections subsistant, malgré la "malbouffe", malgré les dégâts induits par le progrès, malgré la pandémie mondiale d'obésité et la multiplication des cancers, on mange mieux que l'on n'a jamais mangé[1]. » Pourtant les historiens, dont Madeleine Ferrières qui a écrit sur les peurs alimentaires[2], rappellent avec les anthropologues que l'insatisfaction de l'homme devant sa nourriture ou, plus exactement, l'angoisse et l'incertitude que provoque l'acte de manger sont de toutes les époques. Qu'elles ont toujours poussé l'homme à chercher mieux que ce qu'il a. D'où le sentiment du mangeur qu'il a souvent « mieux » s'il a fait l'effort de consacrer du temps et de l'argent à se nourrir, s'il ne perd pas de vue que manger est aussi un acte social et, à ce titre, sacré. L'expression « on mange mieux que l'on n'a jamais mangé » sert, en réalité, à évacuer ce qui précède, les « critiques légitimes », les « imperfections », la « malbouffe », l'obésité et les cancers, etc. Rarement, dans certaines sphères, il n'est question d'un modèle qui aurait été insuffisant ou qui aurait failli.

Des scientifiques sous influence ?

Lentement depuis le XVIIIe siècle, les scientifiques, c'est-à-dire les agronomes, les biologistes et les médecins, se sont arrogé une large part d'autorité experte sur l'alimentation. Depuis, les économistes l'ont renforcée à grands coups de batteries statistiques alimentant un discours apocalyptique sur la situation alimentaire mondiale. Les chiffres démontrent implacablement qu'avec moins de deux dollars par jour, plus d'un milliard de pauvres ne peuvent pas accéder facilement à l'alimentation, dont à peu près un pour cent dans les pays industriels, 2,7 % dans les pays en transition, principalement l'Europe de l'Est, et le reste, soit plus de 800 millions, dans les pays en développement. Les organisations internationales conseillées par ces mêmes experts économistes et agronomes avaient fait signer aux politiques un « Objectif du Millénaire pour le développement » qui prévoyait

1- B. Parmentier, *Nourrir l'humanité*, La Découverte, 2007, p. 14.

2- M. Ferrières, *Histoire des peurs alimentaires*, Seuil, 2002, Points Seuil, 2006.

de réduire de moitié le nombre des affamés d'ici à 2015 par rapport à 1990, soit au bas mot trente millions de personnes qui auraient échappé chaque année à la famine. Ces « objectifs » sont invariablement dans le registre du « toujours plus » : toujours plus de terres, toujours plus de rendements, toujours plus d'intrants[3], si possible là où l'on sait produire beaucoup – c'est-à-dire au Nord – pour nourrir là où l'on meurt de faim, c'est-à-dire au Sud.

Il aura fallu la crise de 2008 pour voir apparaître dans les médias un discours sur l'agriculture « durable » et des alternatives au productivisme, pourtant enterré par un homme politique qui, en France, en fut l'un des promoteurs ardents et qui s'est confessé dans un livre rarement cité : *Un vieil homme et la terre* d'Edgar Pisani[4]. Il a fallu les émeutes de la faim pour rappeler que ceux qui n'ont pas accès à l'alimentation aujourd'hui sont aux trois quarts des paysans. Scandale d'autant plus inacceptable que les années 2000[5] ont été fertiles en dénonciations de toutes sortes qui annonçaient cette rupture : des documentaires implacables comme *Le Cauchemar de Darwin* de Hubert Sauper, *Le Marché de la faim* d'Erwin Wagenhofer, *Notre pain quotidien* de Nikolaus Geyrhalter et d'autres plus mordants comme *Le Monde selon Monsanto* ou *Les Moissons du futur* de la journaliste radicale Marie-Monique Robin. Tous ces plaidoyers ont été rejetés par les scientifiques et les politiques qui les jugeaient trop polémiques alors que les mangeurs se posaient de plus en plus de questions sur la qualité du modèle qu'on leur proposait.

3- Ensemble des produits industriels utilisés pour l'agriculture.

4- Seuil, 2004.

5- On ne s'en tient qu'à ces dernières années, mais un René Dumont pour l'Afrique avait déjà tiré la sonnette en 1962 (*L'Afrique noire est mal partie*, Seuil) dans lequel il fustigeait l'outrecuidance technocratique de ceux qui privilégiaient la mécanisation et les cultures d'exportation sur des terres fragiles alors que la houe, la daba et le mil auraient pu être préservés. À quelques erreurs près sur le rôle de l'État, René Dumont apparaît comme un pionnier de la défense de l'environnement, de l'organisation des producteurs et de la reconnaissance du rôle des femmes dans l'agriculture vivrière.

Lien scientifiques - grdes entreprises alimentaires

Aujourd'hui la FAO, dont certains plaident pour un engagement plus fort vers d'autres voies[6], est bien en peine de rectifier le tir : comment des scientifiques qui travaillent à des contrats pour les multinationales pourraient-ils livrer une « expertise » qui soit contradictoire ? Comment imaginer qu'ils puissent encourager une agriculture qui se passerait autant que possible d'un recours à ces mêmes firmes pourvoyeuses d'intrants, de semences « sélectionnées » pour leurs « qualités ». La dénonciation virulente de Vandana Shiva[7] qui dirige la Research Foundation for Science aurait dû pourtant dessiller le regard de plus d'un. Elle montre que ce lien étroit entre l'agriculture et certaines firmes n'était pas sain. Au départ, ces firmes étaient des entreprises chimiques qui se sont incrustées dans l'agriculture au moment où le productivisme était l'idéologie dominante. Ainsi, Monsanto fondée à Saint-Louis (États-Unis) par le chimiste John Queeny en 1901 s'intéresse à l'agriculture dans les années 1960, produit le célèbre herbicide Roundup et investit dans la biologie moléculaire en 1978, cinq ans avant la mise au point par ses laboratoires d'une première plante génétiquement modifiée. Entièrement vouée à l'agriculture depuis 2002, la firme faisait l'objet de poursuites judiciaires dans de nombreux pays, exprimant la perte de confiance d'une grande partie de consommateurs à la suite de condamnations de l'entreprise pour cause de publicités mensongères lorsqu'elle a décidé de se vendre à Bayer, ce qui, de fait, pourrait éteindre les plaintes dont elle est l'objet. Ces firmes agrochimiques ont été le bras droit de la Banque mondiale dans les pays du Sud lorsqu'elle a appelé à développer une agriculture intensive de produits de luxe comme le coton, le tabac, les fleurs ou les fruits destinés aux pays du Nord, les firmes justifiant

---

6- Selon l'agence France Presse, la FAO avait réclamé au printemps 2008 un million d'euros pour « une initiative d'urgence de distribution des semences et d'engrais » tandis que le Fida (Fonds international de développement agricole, dépendant de l'ONU) promettait « 129 millions d'euros pour des cultivateurs pauvres ». Le président du Sénégal où la colère était descendue dans la rue pointait la marginalisation de la FAO qui, pourtant, avait plaidé pour des infrastructures de développement des savoirs techniques et des aides à la commercialisation en Afrique.

7- V. Shiva, *Le Terrorisme alimentaire. Comment les multinationales affament le tiers-monde*, Fayard, 2001.

ces choix comme une mission humanitaire. Les revenus de ce commerce peu utile ont permis aux pays du Nord d'écouler des surproductions céréalière ou laitière en participant, de fait, au travail de sape des modes de production agricoles durables, poussant à la ruine des millions de petits paysans et polluant les terres et l'eau. Le temps d'un bilan est venu.

Pourquoi « agro » et « alimentaire » ?

Cette actualité sombre plaide en faveur d'une relecture des liens entre l'agriculture et l'alimentation. Comment en est-on arrivé là ? Va-t-on, enfin, comprendre que l'alimentation n'est pas qu'une satisfaction physiologique assurée par la seule production agricole ? Tiendrait-on pour spéculations gratuites les travaux des sciences sociales sur ce qu'il est convenu d'appeler les cultures alimentaires, au sens de « civilisation ». Car se nourrir, c'est d'abord puiser dans des cultures qui alimentent des besoins sociaux et psychologiques (qui suis-je ?), géographiques (où suis-je ?) et symboliques (à qui est-ce que je m'identifie ?). Prendre un repas en commun est un désir d'être ensemble marqué par des plats dont la qualité tente d'être à la hauteur de l'événement. Inversement, l'alimentation rapide ou individuelle (le manger *fast*), désocialisée, serait la négation de soi et de l'autre (le manger *slow*, selon les termes du mouvement Slow Food), le choix d'une nourriture pensée par d'autres (les industries) à qui on délègue le soin de se nourrir. Certains mangeurs des pays riches protestent contre le *fast-food* américain pour des raisons culturelles et non seulement gustatives ou diététiques. Certains mangeurs des pays pauvres s'indignent contre des firmes qui veulent privatiser leurs ressources par des brevets.

Adjoindre l'alimentation à l'agriculture comme l'a fait le gouvernement français constitué au printemps 2007 a été parfois jugé comme une aberration comme il eût été tout à fait aberrant de l'adjoindre à la santé ou au commerce. Il est temps de penser à une gestion globale de l'alimentation par des administrations autonomes et, pour ce qui est de la France, à l'échelle européenne, qui ait une haute main pour faire les choix qui s'imposent. On dira que ce modèle existe au sein des Nations unies avec la FAO[8]. Ce n'est pas l'avis du président sénégalais Abdoulaye Wade qui demandait au moment de la crise alimentaire de 2008 sa suppression tant l'échec de sa politique était patent. À la décharge de cette « bureaucratie lourde et coûteuse » et de ses « systèmes administratifs dépassés et rigides », on plaidera la disparition du levier d'action crucial de l'aide alimentaire qu'était le Programme alimentaire mondial (PAM). Mais Wade est-il crédible lorsqu'il demande l'installation du Fonds international de développement agricole (FIDA) en Afrique pensant que cela pourrait résoudre les difficultés des populations locales ? Certes, la Banque mondiale qui traite de l'aide au développement agricole est très largement responsable de l'orientation prise par de nombreux pays pauvres pour les cultures de rente au détriment des cultures vivrières. Le Sénégal en est l'archétype : après avoir tout misé sur l'arachide, il a dû certaines années importer quasiment 100 % de ses denrées alimentaires quotidiennes. Mais le Sénégal n'est-il pas souverain dans sa politique, comme l'Inde l'a été dans de nombreux secteurs alimentaires stratégiques ?

Il est temps de penser l'alimentation comme une activité à part entière qu'on peut organiser comme le droit international vient de le faire dans d'autres secteurs pour mettre en route de vraies réformes à l'échelle mondiale. Des réformes dont les contenus ne soient pas confiés qu'à des expertises agronomiques et biotechnologiques[9].

8- En 2011, la FAO compte 192 États membres, 3691 fonctionnaires dont la moitié travaille au siège à Rome. En 2010, le montant des programmes et projets mis en œuvre par la FAO s'est élevé à 903 millions de dollars EU, dont 4 % environ financés par les contributions obligatoires *via* le Programme de coopération technique (PCT) et le Programme spécial pour la sécurité alimentaire (PSSA), et 96 % par les contributions volontaires, par le biais du Programme de coopération FAO/Gouvernements, à hauteur de 44 %, du Fonds fiduciaire unilatéral (UTF) à hauteur de 6 %, et d'autres formes de fonds fiduciaires (46 %), qui incluent les programmes conjoints des Nations unies.

9- Même les ingénieurs agronomes, comme un Matthieu Calame dans *La Tourmente alimentaire* (éd. Charles-Léopold Mayer, 2008), commencent à penser le règlement de la malnutrition comme une urgence politique. Calame relativise le discours techniciste assurant que la révolution technique (OGM, agriculture de précision par satellite...) n'apportera pas de solution miracle. Maîtriser l'eau passe par la gestion des forêts, aider les exploitations familiales, soutenir les produits à haute valeur environnementale, inventer une monnaie « biologique » dont les quotas d'émission de carbone pourraient être les prémices...

Identifier des systèmes alimentaires

Manger est un acte qui implique de nombreux acteurs à l'amont. Il importe de distinguer d'abord ce qui tient à la manière dont on mange, les produits que les mangeurs ont choisis, comment ils les préparent, ce qu'ils en attendent. Ensuite, on prendra en compte la satisfaction de ces consommations par les systèmes productifs. On sait combien l'aide alimentaire déstructure les systèmes de consommation et, donc, de production et de commercialisation dans les pays en développement qui reçoivent ces produits en abondance. La dépendance s'installe là où les ONG abusent des programmes d'aide pour maintenir avec certains alliés locaux leurs zones d'influence comme un fonds de commerce qu'on ne doit pas leur disputer. Et quelles populations pourraient résister, au fur et à mesure qu'elles s'enrichissent comme le font les nouvelles classes moyennes chinoises et indiennes, aux offensives publicitaires[10] et commerciales de firmes agroalimentaires étrangères visant à créer des besoins alimentaires nouveaux? Retours de boomerangs assurés pour certaines firmes américaines, dont des entreprises de *fast-food*...

L'alimentation n'est donc pas l'aboutissement d'une chaîne de production agricole qui aurait transformé des produits. C'est d'abord un système de choix fait par des mangeurs dans deux sphères (publique ou privée) à partir de cultures complexes (religions, diététiques, imaginaires des consommations), qui orientent des types de prises alimentaires individuelles ou collectives chargées de sens. Ramener l'alimentation à des calories dont la répartition est calculée sur des moyennes nationales et comparées n'a pas de sens: en considérant une personne en bonne santé, le ratio calorique d'un Chinois n'a jamais été celui d'un États-Unien et on ne voit pas comment ils pourraient se rapprocher rapidement, non seulement, pour des raisons de disponibilités, mais aussi de goûts et de traditions de consommation, de besoin physique et d'environnement économique. On ne voit pas raisonnablement de convergence alimentaire dans

10- Selon le *Word Advertising Research Centre Marketing Pocket Book*, la part des États-Unis dans l'argent dépensé pour la publicité alimentaire atteignait 40 % du total mondial, au début des années 2000.

le monde, si ce n'est pour une petite fraction de population qui voyage beaucoup et peut avoir accès à la nourriture de l'autre. Aucune enquête n'a montré qu'un Japonais formaté par un type d'alimentation pourrait « américaniser » la sienne en quelques décennies. Les habitudes alimentaires des Japonais le montrent.

En cartographiant un certain nombre d'habitudes alimentaires[11], on dégage à l'échelle mondiale des grandes aires au sein desquelles un certain nombre de pratiques alimentaires désignent des groupes qui se distinguent radicalement des autres :

– ***Les pays industriels et urbains « occidentaux »***, comprenant aussi l'Australie et ses voisins : l'alimentation y est caractérisée par de très anciennes pratiques alimentaires valorisant au nord de l'Europe et de l'Amérique, ainsi qu'en Océanie les produits issus de l'élevage (viandes et produits laitiers), des prises alimentaires souvent individualisées encadrées par une diététique mise au point au XIXe siècle, le tout reposant sur une offre agricole très abondante. Ce modèle présente de nombreux signes de crise environnementale et sanitaire.

– ***Les pays industriels et urbains d'une vaste aire méditerranéenne et moyen-orientale :*** ils ont gardé des liens privilégiés avec les campagnes fournissant fruits et légumes en abondance, des viandes et leurs sous-produits de qualité, des cuisines très élaborées et des consommations majoritairement collectives dans le cadre de diététiques très anciennes, l'offre agricole étant abondante et variée. Ce modèle bénéficie d'une bonne image en Occident et il se diffuse, partiellement du moins. Mais il est attaqué par l'industrie agroalimentaire occidentale, notamment dans le secteur des sodas, sans doute à l'origine d'une grave épidémie d'obésité.

– ***Les pays gravitant autour d'un modèle chinois*** comprenant le Japon, la Corée et une grande partie de l'Asie du Sud-Est : là, les produits consommés sont surtout la céréale phare, le riz, avec des variantes comme le blé dans le nord de la Chine et, partout, les légumes, les viandes, les volailles et leurs sous-produits plutôt dans les pays ou les sphères sociales riches de la zone, avec

11- G. Fumey, *Les Radis d'Oùzbékistan. Tour du monde des habitudes alimentaires*, éd. François-Bourin, 2011 et *Atlas de l'alimentation*, Paris CNRS-Éditions, 2018.

des consommations individualisées mais valorisant fortement les pratiques collectives des repas. Les diététiques y sont anciennes et solides. Ce modèle est en extension partout dans le monde, largement du fait d'une importante diaspora chinoise (plus de 50 millions de Chinois hors de Chine).

– ***L'Inde:*** c'est un continent en soi, masquant derrière une façade d'épices un nombre considérable de légumes verts et légumineuses, mais appartenant aussi à la sphère du lait et (un peu moins) de la viande. La cuisine est assez contraignante du fait du respect, pour une majorité, du système des castes. Ce modèle se diffuse peu en dehors de grandes villes mondialisées de l'Occident.

– ***L'Afrique subsaharienne:*** elle arrange par la cuisine principalement des tubercules et des céréales, consomme peu de viandes et de sous-produits animaux, sauf dans la bande sahélienne et sur les hauts plateaux. À l'exception de quelques classes riches et d'une majorité de population en Afrique du Sud, les périodes entre les récoltes (soudures) y sont très difficiles. L'aide alimentaire extérieure indispensable change parfois les habitudes alimentaires qui restent semi-collectives et fortement marquées par de la ségrégation. La résistance aux produits occidentaux issus des surplus agricoles est forte mais les choix sont limités pour une grande part des populations.

– ***L'Amérique latine, du Mexique à l'Argentine:*** c'est une vaste mosaïque qui a plusieurs sous-ensembles où les consommations sont très inégalitaires, les zones pauvres (Andes, Nordeste brésilien) voisinant avec des zones plus riches de certaines métropoles. Les anciens modèles précolombiens ont quasiment disparu à l'exception de quelques consommations locales n'obéissant à aucune diététique particulière. Ce modèle diffuse assez peu dans le monde (sauf quelques plats mexicains, l'*asado* argentin, le ceviche des Andes) mais il n'est pas absent, ne serait-ce par quelques plats et boissons emblématiques (pisco péruvien).

Ces « pôles » alimentaires culturels qui donnent des manières de manger offrant des similitudes sur de vastes territoires sont des systèmes dans lesquels interagissent des modes d'approvisionnement, des cuisines, des types de consommation. Comment ces systèmes ont-ils été construits ? Et comment fonctionne l'interdépendance dans laquelle ils sont aujourd'hui du fait des brassages de population ? La géopolitique peut répondre à ces questions. Ces systèmes sont nés sur certains territoires de choix qui sont restés constants sur de très longues périodes de l'histoire. Ici, la viande de bœuf ou de mouton s'est imposée comme le mets autour duquel gravitent les autres biens consommés. Là, ce sont telle céréale, blé, riz ou maïs et tel tubercule comme le manioc ou la pomme de terre, telle légumineuse comme le soja, tels fruits et légumes qui constituent une autre base de la ration alimentaire quotidienne. Ici, un mode de cuisson comme la marmite ou le four a été privilégié en raison de la disponibilité en bois. Là, c'est le mode de conservation comme le sel ou le froid industriel qui a formaté certains mets. Mais tous les systèmes alimentaires sont bâtis sur des symboliques qui ne se mêlent que très lentement, à la marge souvent, sur certains produits ou certaines pratiques : ainsi, la progression actuelle du vin en Chine et en Inde tout comme le *fast-food*, qu'il soit États-Unien ou « asiatique » dans les pays riches, ne devrait pas modifier radicalement les pratiques alimentaires dans ces pays. On est loin des craintes sur la macdonalisation du monde[12].

12- P. Ariès, *Les Fils de McDo. La macdonalisation du monde*, Paris, L'Harmattan, 1997.

Les insectes sont-ils mondialement compatibles dans l'alimentation ?

Les crises alimentaires remettent sur le grill un certain nombre d'alternatives aux manques de protéines, dont l'entomophagie. La diversité et l'abondance des insectes les ont désignés comme ressource nutritionnelle depuis la nuit des temps, mais Philippe Le Gall (IRD)[1] regrette que cette pratique soit « battue en brèche par les nouveaux codes alimentaires ».

De nombreux peuples africains, asiatiques et latino-américains tiennent les termites, les criquets, les coléoptères au stade larvaire ou adulte et les chenilles comme des friandises occasionnelles surtout appréciées des enfants. Pour certaines populations, les insectes sont dans le périmètre nutritionnel, voire économique sous la forme d'un commerce aussi bien local qu'international pour les marchés africains en Europe, selon le témoignage des douanes de Roissy. Si l'on suit les recommandations de l'ONU (voir chapitre VII) sur les systèmes productifs locaux, on peut penser que les insectes peuvent être protégés des menaces liées aux changements d'usage des terres par un mode de production organisé sous la forme d'un élevage de masse.

Quelle valeur nutritionnelle ?

Pour des populations pratiquant peu l'élevage, les insectes ont été intégrés aux systèmes alimentaires locaux du fait de leur richesse en protéines. 400 groupes ethnolinguistiques ont été étudiés en Afrique[2] et leur apport en protéines animales par les insectes peut atteindre 40 %. Il faut dire que pour les chenilles, les protéines brutes représentent selon les espèces 45 à 80 % de la matière sèche contre 20 % pour le bœuf ou le poisson frais ! Les chenilles offrent aussi toute une gamme d'acides aminés essentiels (car non synthétisés par l'homme), une contribution élevée en oméga 3, réducteurs de maladies cardiovasculaires. Les termites sont d'une richesse exceptionnelle aussi, notamment à cause du fer et de l'acide oléique qui stimule la digestion. Les larves d'abeille contiennent jusqu'à dix fois plus de vitamine D que l'antique huile de foie de morue.

1- « Des insectes au menu », *Sciences au Sud*, n° 63, 2012.

2- F. Malaisse, *How to live and survive in Zambzian open forest (Miombo ecoregion)*, Presses agronomiques de Gembloux, Belgique, 2010.

Riches, les insectes n'en peuvent pas pour autant devenir le centre de l'alimentation mais jouer le rôle de complément d'autant que leur disponibilité fluctue selon les saisons, les environnements et les climats. S'ils sont plus nombreux en milieu rural, les insectes sont disponibles plus longtemps dans l'année s'ils vivent en ville. La FAO envisage leur promotion pour assurer la sécurité alimentaire, et maintenir des savoirs locaux (pharmacopée de prévention, périodes de récolte, type de cueillette, gagne-pain pour les enfants, etc.).

Une diffusion possible dans le monde?

Fortement symboliques en Afrique, les insectes ne peuvent pas être « pensés[3] » de la même manière par toutes les populations du monde. Au Bénin, les reines d'espèces de termite comme Iyegé et Etoutou sont censées ranimer l'activité sexuelle masculine défaillante. Les anthropologues insistent sur les rites de consommation : « La reine est avalée vivante, en commençant par la tête pour acquérir virilité, force, courage ou encore longévité » pour S. Tchibozo (Centre de recherche pour la gestion de la biodiversité de Cotonou). Alors qu'il est probable qu'agissant sur l'état général d'une personne en état de dénutrition, ces consommations réparent tout simplement la santé des individus. Il faut compter avec les représentations qui concourent au bien-être (la fertilité d'une reine qui engendre des colonies de millions d'individus, ou encore la taille voire la forme donnant lieu à des métaphores universelles), selon la psychologue E. Motte-Florac[4]. Plus simplement, les scarabées dont raffolent les enfants camerounais ont été intégrés à des plats traditionnels dans des sociétés de l'Est-Cameroun : « la préparation commence par l'élimination des ailes, surtout les élytres et les pattes, les cornes lorsqu'il s'agit de mâles. On les fait ensuite bouillir et frire. Le couscous de manioc est accompagné de cette précieuse sauce aux insectes qui font l'objet d'un commerce local[5]. »

3- Au sens où Lévi-Strauss assurait que « pour être bon à manger, tout aliment doit être bon à penser ».

4- *Sciences du Sud*, n° 63, 2012, p. 9.

5- Blog de J. Muafor Fogoh.

Chapitre II
PETITE GÉOPOLITIQUE DE L'ALIMENTATION PAR LA POMME DE TERRE

À quoi ressemblerait notre planète si la pomme de terre n'existait pas ? Nul ne le sait car la pomme de terre est devenue l'un des aliments de base de l'humanité en moins de trois siècles et ce n'était pas gagné. On pourrait le dire du blé, du thé et du café, de la tomate et du piment, de toutes les viandes et poissons, du vin et de la bière mais aucun de ces produits, même mal géré, n'a envoyé un million d'Irlandais à la famine, l'une des plus terribles qu'ait connue l'Europe. C'est dire qu'on ne joue pas avec les produits de base. Aujourd'hui, de nombreuses institutions à Mexico pour le maïs, à Manille pour le riz, préservent les espèces qui nourrissent le plus grand nombre.

L'année internationale de la pomme de terre décrétée par les Nations unies en 2008 fait comprendre comment une plante peu connue, sortie de son berceau il y a quatre siècles et qui a sauvé l'humanité de bien des calamités, est un fait « géopolitique ». Et pas seulement dans les disponibilités quantitatives sur lesquelles les interprétations, comme on peut le voir sur le tableau ci-après, ne sont pas d'une très grande utilité en dehors des connotations culturelles.

Principaux producteurs de pommes de terre (2016)[1]

Quantité (milliers de tonnes)

Chine	98 100
Inde	46 400
Russie	31 500
Ukraine	23 690
États-Unis	20 430
Allemagne	10 210
Bengladesh	9 440
Pays-Bas	7 060
France	6 730
Pologne	6 200

La pomme de terre a pourtant connu jusqu'au XVIIIe siècle une fortune très locale, elle était confinée dans les Andes, moins parce qu'on ne la connaissait pas que parce qu'elle était un tubercule. Ce qui venait du sol n'était quasiment pas consommé dans le monde. Ni le prix ni les avantages perçus par une minorité éclairée n'auraient pu développer la consommation de la pomme de terre avant qu'elle n'ait été « pensée », selon la formule de C. Lévi-Strauss concernant la cuisine « bonne à manger » parce que « bonne à penser ». Jusqu'à la fin du XVIIIe siècle, en Europe du moins, seuls les fruits et légumes cultivés sur des tiges et des branches étaient jugés dignes d'être comestibles. La pomme de terre était bonne pour les cochons. Elle eut pourtant un passé prestigieux dans les Andes, où elle fut célébrée par les Incas qui pensaient que la lune donnait la fertilité aux femmes et incitait Pachamama (la Terre mère) à germer et à offrir ses pommes de terre (Mama acxo) lors de la récolte. Les hommes déposaient les semences de pommes de terre, les femmes les conservaient, les sélectionnaient, les plantaient et les récoltaient, les stockaient et les commercialisaient. Tout comme aujourd'hui, car rien n'a changé sur ces hauts plateaux, ou si peu.

1- En dehors des masses de populations de l'Asie, la géographie de la production de la pomme de terre est largement l'Europe du Nord qui a su l'acclimater dans l'alimentation par des cuissons multiples et des plats originaux, voire identitaires (Belgique).

Aujourd'hui, aucune plante ne fournit autant de calories par mètre carré cultivé que la pomme de terre. C'est une plante qui est riche en hydrates de carbone, en vitamines et en sels minéraux. Toutes les régions du monde qui l'ont adoptée en ont fait des spécialités culinaires originales montrant l'extraordinaire souplesse de ce tubercule et la passion qu'ont eue les hommes à le travailler.

Où est le trésor de la pomme de terre ?

Près de 180 espèces sauvages et plus de 4000 variétés cultivées et cultivables sont connues en Amérique centrale et andine. À cela il faut ajouter autant de variétés de patates douces et plus de mille autres types de racines et tubercules du monde provenant du Pérou, de l'Équateur et de la Bolivie, soit 15000 échantillons de *papa* sauvage ou cultivée classés en 4 383 identités morphologiquement uniques[2]. La pomme de terre est une plante très souple, certaines variétés poussent dans les basses terres tropicales et d'autres, à plus de 4000 mètres d'altitude, voire dans les zones désertiques froides. Cette diversité des espèces a sauvé plus d'une fois les paysans de la famine qui aurait pu sévir en raison du froid, de l'humidité ou de la sécheresse, ou encore des parasites et des maladies qui n'ont jamais cependant anéanti totalement leur récolte. La prise de conscience de cette richesse a donné naissance en 1971 à un Centro internacional de la Papa (CIP) à Lima au Pérou. Ce centre conserve la biodiversité et les ressources génétiques de variétés anciennes, nouvelles et sauvages pour les chercheurs et les paysans du monde. Car la pomme de terre s'appauvrit à cause des maladies et des insectes ; il faut donc puiser dans ces banques de germoplasmes pour développer de nouvelles méthodes de culture en assurant le maintien des systèmes de production traditionnels et en contrôlant l'incidence des maladies et des ravageurs. Au Parque de la Papa, dans la région de Cuzco, six villages Quechua situés entre 3600 et 4600 m d'altitude, près de 400 sortes de pommes de terre ont retrouvé le sol qui les avait vues naître. Et les entreprises et instituts de recherche qui commercialisent des variétés

2- J.-P. Géné, « La route de la papa », *Le Monde 2*, 15 mars 2008.

andines très riches en vitamines B et C, bêtacarotènes et antioxydants, doivent verser des redevances aux communautés locales. Les Péruviens sont d'autant plus attachés à la *papa* qu'ils ont le record latino-américain de sa consommation (80 kg par an), dans un pays où il n'y a pas beaucoup d'alternatives céréalières comme le maïs au Mexique ou le blé en Ukraine.

La pomme de terre est la quatrième culture vivrière au monde, ce qui lui donne une position clé dans les questions de malnutrition, de pauvreté et d'environnement aujourd'hui. Elle est cultivée sur près de 200 000 km² et les 320 millions de tonnes de la récolte de 2007 viennent pour plus de la moitié des pays en développement. La production augmente depuis plusieurs décennies : en 1989, on récoltait 277 millions de tonnes, en 2015 plus de 400 millions de tonnes ! La pomme de terre a gagné ses galons dans la cour des grands produits alimentaires au point que, malgré une augmentation de son prix au kilo en France de 1780 % entre 2001 et 2007[3], sa consommation n'a pas fléchi. La part des pays riches dans la production décroît mais elle se maintient pour ce qui est des exportations agroalimentaires (comme les frites). La pomme de terre a également d'autres usages, ce qui accroît ses vertus géopolitiques : elle est utilisée pour la vodka, pour les médicaments, le textile, le bois, le papier, les adhésifs et les mastics, substitut cent pour cent biodégradable des polystyrènes et autres matières plastiques, les pelures entrent dans la fabrication de l'éthanol. Une plante alimentaire et « industrielle » donc, comme le maïs ou le colza, et qui pourrait rendre de bons services dans les pays du Sud.

Les chiffres de production expriment mal le rôle géopolitique qu'a joué la pomme de terre dans l'histoire depuis les Conquistadors. Car si la plante n'a pas séduit les Européens entre l'arrivée en Espagne en 1573 et les années 1770, c'est parce que sa consommation alimentaire n'avait pas été « pensée ». Et elle n'a joué un rôle considérable plus tard que parce qu'elle fut précisément pensée comme une plante pouvant sauver des pays de la famine.

3- J. Viard, *Du Franc à l'Euro, la vérité sur les prix*, éd. de l'Aube, 2007. Comparativement, le chocolat a augmenté de 95 %, le pain de 23 % et les pâtes de 15 %.

En Europe, les premiers consommateurs dans la péninsule ibérique et le sud-ouest de la France sont réticents car ils tentent de… la panifier ! Sans succès. Elle ne peut pas rivaliser avec le blé et le pain qui offrent le modèle de produits de base stockables et transformés dans le cadre d'une culture bimillénaire du pain. Seules les populations qui se nourrissent de soupes et de bouillies vont percevoir les avantages du tubercule (goût, maniabilité, calendrier de récolte, conservation). En France, par exemple, on en retrouve dans les plats roboratifs du Limousin avec les farcidures, milhassous et autres flognardes. La pomme de terre s'installe donc dans les cultures alimentaires pauvres où elle apparaîtra comme une panacée : ces régions pauvres comme le Massif central aux mauvaises terres froides, la Bretagne et l'Irlande aux sols lourds ou maigres peu aptes à la céréaliculture du blé sur de vieux socles, l'Allemagne et la Pologne des terres trop septentrionales pour le blé. Mais elle est adoptée surtout lors des famines, celles issues de la guerre (où l'on piétine et brûle les champs de céréales) ou de mauvaises récoltes (hivers longs ou étés pluvieux). Ce qu'avait pu écrire Olivier de Serres, en 1600, sur les atouts de la pomme de terre n'a pas eu d'impact alors que Parmentier, en 1772, la présente comme pouvant « atténuer les calamités d'une disette ». Il peut désormais user de différents stratagèmes pour la faire connaître et apprécier[4]. Une sorte de *teasing* avant la lettre qui pourrait faire de lui l'un des premiers publicitaires au monde. Aux États-Unis, la pomme de terre a été plantée dans le New Hampshire en 1719 et elle fut servie à la Maison Blanche à Jefferson en 1799 du fait de l'image flatteuse qu'elle avait acquise en Europe à cette époque.

La géopolitique d'une plante ou d'un animal, au sein du système alimentaire, ne se réduit pas à un rapport de force commercial sur des fantomatiques marchés où se retrouveraient producteurs et consommateurs. Elle n'implique pas un rapport de force entre ceux qui produisent et ceux qui mangent, car tous

4- Louis XVI lui ayant offert deux arpents de terre dans la plaine des Sablons, près de Neuilly, Parmentier y plante des pommes de terre qu'il fait surveiller durant tout le jour par des hommes armés. La nuit, en revanche, la voie est libre et l'on se précipite pour dérober les précieux tubercules.

les produits du monde n'intéressent pas tous les mangeurs du monde. Elle impose de voir qui sont les mangeurs et comment ils construisent le système de production qui répond aux choix qu'ils font.

La géopolitique à table ou avec les doigts

La preuve est donnée par les usages culinaires de la pomme de terre qui sont largement à l'origine de la progression de la plante. Et pas seulement dans les premières recettes de *rœsti* allemands depuis 1581 ou les plats rustiques de l'Europe paysanne. Avant d'être un produit qui a inspiré l'industrie[5], la pomme de terre est déjà mentionnée dans quinze recettes du *Grand Dictionnaire de cuisine* de 1865 d'Alexandre Dumas, franchissant toutes les barrières des menus, y compris dans les grands restaurants, inspirant des chefs imaginatifs comme Joël Robuchon en France, ou Ferran Adrià en Espagne.

Les frites sont mises au point dans le Nord, entre Flandre française et Wallonie, au milieu du XIXe siècle, à peu près au moment où l'Américain George Crum invente les chips à New York, en 1853. Offrant de fortes perspectives de valeur ajoutée, l'industrie s'empare de ces sous-produits et de leur légende puisqu'une tradition orale établit un lien entre une coutume de frire des petits poissons de la Meuse et la façon dont ils furent remplacés à Namur par des bâtonnets de pommes de terre. Invérifiable, cette histoire ancre les frites dans une tradition qui faisait bon usage de la cuisson dans l'huile, mais aussi dans une incertitude territoriale qui la maintient née de nulle part, comme un mythe. Le brouillage géographique entre la Belgique et la France, les *french fries* outre-Atlantique et toutes les déclinaisons de consommations possibles, enrichit le produit qui porte tous les sens qu'on veut lui donner : régression pour ceux qui contestent le manger avec les doigts, simplicité et convivialité pour ceux qui sont de l'avis opposé. Aucun mangeur n'est indifférent devant les frites.

5- Laissons de côté les usages pharmaceutiques, l'utilisation dans l'industrie du bois, du textile, du papier et de certains mastics. Parfait substitut des polystyrènes et autres matières plastiques (par exemple, les assiettes et couverts jetables), la pomme de terre nourrit aujourd'hui encore des animaux d'élevage, comme les porcs en Russie.

Les process industriels se développent avec la précuisson dans un courant d'air chaud avant la congélation : plus de 13 millions de tonnes ont été ainsi vendues en 2016. Quant aux chips, vendues désormais aromatisées, et aux flocons dont la souplesse d'utilisation est telle qu'ils sont prisés par l'aide alimentaire dans les pays en développement, ils participent de cette mainmise des pays du Nord sur les pommes de terre dont ils ont fait l'un des meilleurs ambassadeurs de l'hypermodernité alimentaire. Les industriels de l'alimentation font des efforts louables pour améliorer la qualité et la digestibilité des produits comme la graisse des friteries (voir tableau).

De la graisse toujours plus fraîche

La graisse de friture des friteries testées renferme peu de substances de dégradation, ce qui signifie qu'elle est régulièrement remplacée.

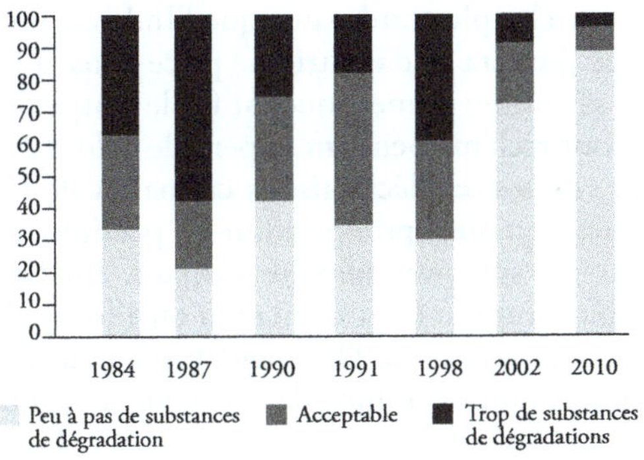

Enquête Test-achats.be/janvier 2010

Un exemple de cet avantage des pays riches existe avec la firme McCain Foods au Canada. Une firme bien implantée en France dans les frites surgelées, qui compte 19 000 salariés dans plus de 50 usines à travers le monde. Très concentrée et intégrée, la firme vend près du tiers de la production mondiale. Grâce à elle, le Canada est le deuxième exportateur mondial de frites derrière les Pays-Bas. On lit parfois[6] que cet avantage cana-

6- www.potatonews.com.

dien serait lié à la « vigueur nordique » de la pomme de terre de semence du Canada. Une vigueur qui aurait été acquise dans des terres froides et où les journées sont plus longues l'été. Les scientifiques estiment que la longueur du jour favorise une croissance vigoureuse des pommes de terre, une manière de saluer l'exclusivité de cette position septentrionale justifiant ces « rendements élevés » et des « variétés de qualité supérieure ». Ou comment la géographie est utilisée par le marketing…

Une approche géopolitico-culturelle : de l'industrie au terroir

Tout ce qui précède participerait d'une géographie culturelle de la pomme de terre parce que les différences de consommation entre pays du Nord et ceux du Sud seraient à chercher dans leur relation à ce statut particulier lié à l'histoire. Arrivée pourtant à la fin du XVIe siècle en Inde, la pomme de terre ne s'y est développée que quatre siècles plus tard parce que l'Inde est un des pays du riz et elle ne prendra une quatrième place dans la hiérarchie que parce que sa culture domestique est facile à organiser et que les Anglais en ont réclamé pendant la période coloniale.

En Europe, toutes les déclinaisons culinaires de la pomme de terre marquent qu'une appropriation est possible si elle peut se fondre dans un système culinaire existant. En Savoie, elle supporte le reblochon fondu et devient la tartiflette, cependant qu'en Aveyron, elle est mise à l'honneur par un autre fromage, une tome d'aubrac, qui la sublime dans l'aligot, alors qu'en Allemagne et ses pays voisins, la *kartoffelsalat* de Souabe la préfère tiède et assaisonnée avec des oignons, du bouillon, de l'huile et du vinaigre. De l'avis des « marqueteurs alimentaires », le mode de vie urbain avec son manque de temps et la perte de ses traditions culinaires pousse à utiliser les snacks et autres produits de substitution pour une alimentation rapide, riche et qui ne dédaigne pas porter des habits géographiques, comme le gratin précisément dauphinois, issu d'une région pauvre en blé, les frites de toutes les échoppes et marchands ambulants, des chips si faciles d'accès devant la télévision ou au pique-nique.

Il faut pourtant regretter que la pomme de terre soit si gourmande en pesticides les mauvaises années – comme les étés humides 2007, 2008 ou 2012 qui ont vu les consommations d'intrants grimper à des niveaux alarmants[7]. Le tubercule qui fascinait Parmentier – à qui on fait honneur en cuisine avec un plat roboratif – n'est pas le produit a-géographique et désaisonnalisé qu'on imagine du fait de sa consommation permanente et généralisée. Il existe des milliers de variétés de pommes de terre, signifiant que certaines sont produites sur des terroirs bien définis et que le mode de culture est très variable d'une région à l'autre. Ainsi, en France, la bonnotte de Noirmoutier et la ratte du Touquet sont produites sur des terroirs étroits (moins de cinquante kilomètres carrés), par des cultivateurs en petit nombre (quelques dizaines) pour des volumes presque confidentiels (plus de 10 000 tonnes pour la bonnotte et près de 5 000 tonnes pour la ratte). Seules les coopératives agricoles comme celle de Noirmoutier peuvent accompagner de tels produits qui sont devenus « du terroir » après avoir été abandonnés au nom de la rentabilité mécanique. Revenus de leurs dérives productivistes, certains coopérateurs ont compris le parti qu'ils pouvaient tirer de la qualité lorsqu'ils produisent en petite quantité. Récoltée à la main, la primeur bonnotte n'est vendue que le premier week-end de mai depuis 1997 et c'est son prix (3 000 francs le kilo lors d'une vente aux enchères à Drouot en 1995) qui maintient sa culture. Les légendes sur la ratte comme sur la bonnotte, colportées par des fêtes « traditionnelles » qui mêlent tourisme et gastronomie, sont les gardiennes des vertus de ces deux terroirs qui réenchantent ce lien mythique avec l'Inca Viracocha et tous ceux qui protègent la plante de l'appauvrissement issu des cultures industrielles.

La pomme de terre : un instrument pour le développement de qui ?

La prise de conscience de la qualité existe, mais il reste beaucoup à faire. Car la pomme de terre est l'aliment de nombreux

7- En 2007, dans la seule France, les 4,3 millions de tonnes de pommes de terre récoltées auront été deux à trois fois plus arrosées de pesticides que d'habitude (environ 1 millier de tonnes). Source : www.phytonutrition-sante.com.

changements sociaux, variables selon les régions du monde. Elle a délivré l'Europe des famines depuis la fin du XVIIIe siècle mais la trop grande confiance qu'on a mise en elle a provoqué, avec la monoculture, la pire des catastrophes alimentaires qui soit en Irlande au milieu du XIXe siècle. Beaucoup pensent qu'elle pourrait aujourd'hui remédier largement à la faim dans les pays en développement. Mais un problème demeure : il n'y a pas de « culture » de la pomme de terre en Asie, et en Inde où elle progresse, elle n'est perçue que comme une culture de rente, donc, industrielle. Avec l'industrie qui la transforme, elle s'installe dans de grandes exploitations de monoculture intensive comme en Europe et peu chez les paysans qui n'en connaissent pas les atouts. Elle est l'outil par excellence du productivisme.

En France, le productivisme est tel que le mildiou, qui ravage la plante pendant les étés pourris des années 2007-2008, pour ne prendre que ces cas-là, n'est éradiqué qu'à coups de pesticides dont on calcule les volumes utilisés par des recoupements. Les producteurs ne sont pas fiers de communiquer sur le fait que les stocks de pesticides ont été, en France en 2007, épuisés un mois avant la récolte, au point que le ministère de l'Agriculture a dû faire entrer des Pays-Bas et de Belgique des produits non homologués, y compris des produits normalement réservés à la vigne. On oublie également de dire que les produits « homologués » sont de plus en plus concentrés. On en conclut que les 4,3 millions de tonnes récoltées en France sont deux à trois fois plus sujets au traitement de pesticides. La Direction générale de l'alimentation en a été alertée et a lancé un plan de surveillance pour écarter « tout risque sanitaire pour les consommateurs[8] ». Ces « guéguerres » de l'information existent à l'échelle internationale, et les pays en développement s'alarment des importations de pesticides comme les producteurs algériens[9] qui contestent la qualité de ce qui leur est imposé. Un exemple parmi d'autres pour montrer comment un produit alimentaire

8- Ces informations du ministère ont filtré jusque dans la presse qui les a relayées, par exemple dans *Le Canard enchaîné* du 26 septembre 2007. On y apprend que les prélèvements sanitaires se limitent à 80 échantillons qui ne portent évidemment pas sur ce qui a ruisselé dans les rivières et les nappes.

9- *El Watan*, 5 août 2007.

de première nécessité peut être instrumentalisé dans les relations internationales. Et qu'il n'existe aucune plante miracle pour sauver le monde de la faim en dehors de celles que les producteurs s'approprient eux-mêmes.

Comme tous les produits de base de l'alimentation (les céréales, les plantes à boisson, les légumes et les fruits, les produits de l'élevage), la pomme de terre est perçue comme très souple dans son adaptation aux diverses cultures, autrement dit les cuisines et les sous-produits de l'industrie alimentaire. Elle est devenue, pour une bonne part, un produit industriel a-géographique mais il se pourrait bien qu'une crise sanitaire remette en question cette manière de la penser et de la produire. Déjà dans les pays riches, la traçabilité et les exigences sanitaires poussent des consommateurs à exiger plus de visibilité dans les conditions de production. Elle pourrait reconquérir rapidement des titres de noblesse par la géographie. Dans les pays en développement, elle reste la base de la survie pour les populations andines alors qu'ailleurs, elle s'adapte lentement à la cuisine des tubercules à laquelle elle se mêle facilement du fait de ses nombreuses variétés. La protection de sa biodiversité prend alors tout son sens. Le Pérou qui s'en réclame comme le berceau pourrait avoir fait le bon choix en la protégeant.

Un autre cas géopolitique : le riz dans la crise de 2008

Le riz dans la flambée des cours du printemps 2008 a alimenté une géopolitique dans les médias[10].

Voici en résumé, comment elle a été présentée :

D'abord, la hausse de prix : entre février et avril 2008, une hausse du cours du *paddy* américain (riz brut) de 80 %, soit de 450 à 950 dollars à la Bourse de Chicago (il existe pourtant 4 000 à 5 000 variétés de riz sans prix de référence).

Ensuite, les victimes : l'Afrique et l'Asie (présentées comme continents alors que les achats varient considérablement d'un pays à l'autre : un Indien mange 150 kg de riz par an, contre 4 kg pour un Européen).

Un lien est fait directement entre cette hausse des prix et les émeutes de la faim.

Il n'y a pourtant pas de spéculation sur le riz pour la bonne raison que seulement 1 % des 27 millions de tonnes de riz échangées dans le monde, l'est à la Bourse, les transactions se faisant sur des marchés physiques, hormis quelques contrats sur le Chicago Board of Trade.

Selon les explications d'un *trader* : d'abord, il y a eu la croissance démographique qu'il perçoit par un « seuil critique offre/demande faisant que les pays puisent dans les stocks » ; ensuite, une sous-évaluation des prix depuis quatre ans ; enfin, le blocage des exportations dans certains pays producteurs.

La situation est, en effet, très changeante selon les pays :

Selon la fédération USA Rice, **les États-Unis** ont assez de stocks pour ne pas limiter leurs exportations, mais les clients, eux, font des stocks.

En Haïti, où le riz est le seul luxe, des livreurs de riz sont attaqués à Port-au-Prince, des stocks pillés et des employés tués ; 80 % des 350 000 tonnes de riz importés viennent des États-Unis.

10- Quotidiens et magazines nationaux (France) entre le 1er janvier et le 15 mai 2008, notamment *Libération* du 3-4 mai.

Au Sénégal, c'est un accord *in extremis* avec l'Inde, qui sauve une situation pourtant peu claire puisque 200 000 tonnes seraient entreposées à Dakar ; le gouvernement décide de subventionner le riz importé et d'encourager l'agriculture locale.

En Afrique du Sud où l'inflation annuelle a dépassé les 10 % en mars 2008, les syndicats dénoncent des pratiques anti-concurrentielles chez les industriels de l'alimentation.

En Asie, la situation est encore plus contrastée : les besoins sont criants aux Philippines (il manque près de 4 millions de tonnes à l'importation) pour satisfaire les besoins, en Indonésie pourtant troisième producteur mondial mais gros consommateur. Alors que l'Inde, le Vietnam (2e exportateur mondial derrière la Thaïlande), le Népal ont réduit leurs exportations, puis fermé leurs frontières (comme le Brésil, l'Égypte et le Cambodge) jusqu'aux récoltes de l'automne 2008 : un coup dur pour des pays qui ont peu de ressources à vendre.

Chapitre III
LA GUERRE DU GOÛT OU LA GÉOPOLITIQUE DANS L'ASSIETTE

Il y a quelques années, une dégustation internationale à l'aveugle avec des œnologues professionnels a créé la surprise en France : dans le pays qui s'enorgueillit de l'excellence de sa culture vitivinicole, le vin primé et reconnu comme le « meilleur » était un vin… californien. Il n'y a pas d'autre leçon à en tirer que la celle-ci : le goût du vin est une construction cognitive[1]. Le goût de nos aliments est la construction de nos papilles mais aussi de la stimulation de différents systèmes sensoriels, le cerveau synthétisant ces sensations pour nous restituer ce fameux « goût » et le souvenir d'un aliment.

Personne ne peut dire exactement ce qu'est le goût, comment il se construit, comment il évolue et pourquoi il change. Et pourtant, du magasin d'alimentation à l'assiette, du choix d'un commerçant à celui d'un restaurant, le goût est toujours présent dans le choix des mangeurs. Il y a quelques décennies, dans les pays d'abondance alimentaire, chacun mangeait ce qu'il avait à sa disposition. Varier sa nourriture était difficile. Mais on pouvait se permettre quelques changements à la marge : un aromate, un morceau de graisse, du sucre, un fruit. Aujourd'hui dans les pays du Nord, tout ceci est un jeu d'enfant. Et il y a mieux. Chacun peut se transformer en expert de sa propre santé, comptant ce qu'il consomme, pesant les vertus de tel aliment, évaluant grâce aux connaissances nutritionnelles le bénéfice de tel plat pour sa santé. Cependant, si la fréquence des séquences où l'on mange fait de notre alimentation un espace de grande liberté, choisir peut devenir aussi une source de fatigue mentale. Car comment choisir ? Qui croire ? Qui conseille vraiment les

1- On lira avec profit la thèse du philosophe O. Assouly, *Les Nourritures de Jean-Jacques Rousseau. Cuisine, goût et appétit*, Classiques Garnier, 2016.

mangeurs ? Les experts en nutrition ? La publicité ? Les bons souvenirs d'une grand-mère convaincue que le flanc au caramel était la recette de sa longévité ? Comment s'en sortir, donc, sinon en observant d'autres êtres en situation, en s'identifiant à eux, surtout s'ils racontent quelque chose de « vrai » ou que l'on croit vrai.

Le bon goût résiste-t-il ?

Lorsqu'on a envoyé des hommes dans l'espace à la fin des années 1960, on s'émerveillait de les voir se nourrir avec des tubes et des pilules. On prédisait aux mangeurs que c'était là le prototype de l'alimentation de demain. Aujourd'hui, les astronautes mangent des plats cuisinés qu'ils réchauffent de manière bien classique. La cuisine n'est donc pas morte. Dans les années 1970 et 1980 en Europe, c'est une autre menace contre la cuisine qui semblait poindre : celle du *fast-food* américain. De grandes enseignes débarquaient dans les lieux symboliques des grandes villes européennes et plantaient le décor d'une nouvelle arche du goût. Quelque chose qui serait pensé par un système industriel et vendu comme n'importe quel produit de consommation. Chers mangeurs, le marché a pensé à vous ! Mais aujourd'hui, ces mêmes enseignes ont dû s'adapter à la diversité des goûts. Là, où elles ont été perçues comme trop arrogantes, elles sont même à l'origine d'un contre-mouvement, dont Slow Food[2] est un modèle du genre, qui s'est développé comme une sorte d'internationale du goût[3], où l'on célèbre un produit, un plat, un tour de main. Le but de ce mouvement est de protéger ce qui risque de disparaître de la carte alimentaire : un fromage, une pâtisserie, voire une plante ou un animal d'élevage. De multiples signes montrent que la créativité alimentaire n'a pas reculé. Un chef comme Yannick Alléno a bien repéré comment les grandes chaînes de restauration bâtissent leur avenir sur l'hygiène, le service et, dans l'assiette, plus de légèreté et de fraîcheur dans les plats, une forte tendance à la végétalisation

---

2- C. Petrini, *Bon, propre et juste. Éthique de la gastronomie et souveraineté alimentaire*, éd. Yves Michel, 2006 et *Terra Madre : Renouer avec les chaîne vertueuse de l'alimentation*, Éditions Alternatives, 2011.

3- Comme il y eut des internationales ouvrières au XIXe siècle.

qui pourrait s'étendre à d'autres créneaux alimentaires (en-cas des enfants en classe, repas dans les transports, etc.).

Cette quête du goût est universelle mais elle prend la forme individuelle d'une quête de sens que chacun attribue à ce qu'il mange, qu'il soit chimiste comme Hervé This, géographe comme Jean-Robert Pitte, historien comme Jean-Louis Flandrin, sociologue comme Jean-Pierre Corbeau, diététicien comme Jean Trémolières, etc., puisqu'on voit bien que leurs préférences gustatives ne résultent pas que de leur métier. En revanche, le géographe, lui, se doit de préciser qu'il existe un zonage pour chaque cuisine et chaque saveur, quand bien même il aurait l'impression qu'elles ne font que se mêler. C'est cette différence-là qui fait parler du « goût de l'Asie », et en Asie du « goût du Japon », et au Japon du « goût d'Hokkaido » qui n'est pas semblable à celui de Shikoku. En ce sens, le goût est « géographique ».

L'espace qui donne du goût à ce qu'on mange

Comment se caractérisent ces goûts géographiques ? Ils sont construits par deux types d'acteurs, les mangeurs et ceux qui façonnent les plats et les saveurs. Les mangeurs extérieurs à une région reconnaîtront une saveur parce qu'ils y identifient certains ingrédients. La cuisine hongroise peut se reconnaître par un marqueur original en Europe centrale, le paprika, comme le boudin antillais se distingue des autres par le piment. Quant à ceux qui ont construit ces goûts locaux, ce sont les cuisiniers de tous les jours comme les étoilés, les producteurs qui ont satisfait à une demande croissante, ainsi que tous ceux qu'on pourrait appeler les « animateurs du goût » : les prescripteurs dans les médias, les jurys dans les concours, les saltimbanques dans toutes les fêtes dédiées à tel produit, les médias lorsqu'ils s'emparent d'une passion, d'un itinéraire de cuisinier, d'une fiction cinématographique où apparaît tel lieu avec sa cuisine (le Nord et les frites, par exemple), les médecins et nutritionnistes qui vantent les mérites de tel plat, les administrateurs et les juristes des filières agroalimentaires, les politiques et les financiers qui investissent ou non pour le développement de tel goût et telle saveur, comme on l'a vu pour l'huile d'olive en Europe depuis plusieurs décennies. La planète est ainsi parcourue par ces frontières plus ou moins fixes entre différents goûts, qui construisent des systèmes alimentaires identifiés comme tels.

Si l'on considère le « jeu à trois », identifié par Christian Boudan[4], qui divise la planète culinaire en trois grands centres de diffusion alimentaire – l'Asie, comprenant la Chine et l'Indochine, l'Amérique du Nord et ses épigones et la Méditerranée –, on voit que chacun de ces trois pôles a construit des manières de penser l'alimentation qui sont à l'origine de ce qu'on appelle un « goût de ». Un goût de l'Asie, de l'Amérique et de la Méditerranée. Chaque sphère se pense par rapport aux autres : les Chinois de Chine ne se reconnaissent pas dans les repas « chinois » servis à Paris dans le restaurant « chinois » d'un quartier touristique, parce que l'idée d'un menu avec une entrée, un plat, un dessert leur est étrangère. Mais les Européens et les touristes non asiatiques (disons l'Asie de l'Est) se satisfont de cette manière de manger dans ces restaurants : le décor des salles avec les plafonds symbolisant le ciel et les aquariums le monde marin, suggérant la fraîcheur de ce que l'on va manger, les baguettes, les bols de riz, les viandes, le poulet et les poissons enduits et enrobés de fécules de maïs ou de farine délayées dans des marinades, rectifiant ainsi les saveurs qui fourniront une attaque glissante en bouche, les nombreux produits frits, le thé proposé sur la carte. Les Européens du Sud et les Chinois voient l'Amérique du Nord et l'Angleterre comme un modèle convivial, ouvert, offrant des facilités pour manger à des prix modiques, des saveurs de légumes frits, un goût de sucre jusque dans les sauces « salées », des gammes industrielles très fournies de produits gras, à consommer froids ou chauds. Enfin, la Méditerranée est perçue par des populations toujours plus nombreuses comme le berceau d'une alimentation jugée saine, à base de fruits et légumes, de viandes rôties et de vins avec des effets bénéfiques contre certaines pathologies de civilisation comme les maladies coronariennes et les cancers.

Le goût est donc bien un système alimentaire « pensé » comme Lévi-Strauss le soulignait : pensé par des sociétés perçues par d'autres comme étant d'une même famille, et possédant un

4- C. Boudan, *Géopolitique du goût*, Puf, 2004.

élément distinctif suffisamment mis en avant par les autochtones et reconnu à l'extérieur. Ce peut être un plat qui devient emblématique (choucroute en Allemagne, pizza à Naples, sashimis au Japon, etc.), ou un produit (pomme de terre au Pérou, hareng en Norvège, yaourt en Bulgarie, etc.), ou des ingrédients (curry en Inde, nuoc-mâm au Vietnam, aneth dans le monde slave, etc.). Mais cela peut être aussi tout autre signe distinctif de consommation, comme les baguettes dans l'aire de civilisation chinoise, le wok dans l'aire mongole, le bar à tapas en Espagne, le mezze en Grèce ou toute forme de sociabilité « apéritive » dans l'aire méditerranéenne, le *drive-in* aux États-Unis, le repas commensal en Europe.

Penser l'alimentation implique d'avoir en tête certains identifiants géographiques (toponymes), mais la complexité de leur définition, due au fait qu'ils n'appartiennent pas tous à la même catégorie de déterminants (un plat, un produit, un mode de consommation) et que leur perception change selon les personnes et les sociétés, rend difficile une géographie qui ne soit pas mouvante. Ce qui frappe est la facilité avec laquelle tous les lieux, à toutes les échelles, peuvent être qualifiés par des expériences alimentaires.

Un goût qui devient géopolitique

Christian Boudan[5] a identifié un lien entre la « richesse naturelle » de certaines régions du monde et leur richesse culinaire : les « potentialités de la terre et du climat » seraient toujours, selon lui, la première source de la puissance culinaire. Il cite la Chine et l'Asie du Sud-Est et le Moyen-Orient avec ses prolongements européens qui ont donné les deux grandes régions où la cuisine, ancienne et raffinée, a été le résultat d'une expansion agricole sans précédent. Il y a sans doute une part de déterminisme dans cette vision car il faut évoquer les rétroactions entre la qualité de la cuisine d'une part, celle-ci étant liée à des systèmes aristocratiques très riches, à la finesse et à la complexité de la pensée médicale et diététique, ainsi qu'à des interdits alimentaires qui ont soudé les populations autour de certaines pratiques, et les

5- *Ibid.*, pp. 425-439.

pratiques agricoles d'autre part. On n'imagine pas des populations paysannes qui, ayant produit des surplus, les auraient spontanément vendus sur des marchés urbains pour s'enrichir. Ce sont les villes qui organisent les marchés, qui font appel à la production des campagnes en offrant des circuits de distribution efficaces et des prix suffisamment rémunérateurs. Les grandes régions agricoles du monde, anciennes comme récentes, sont toutes des régions fortement connectées à des grandes villes ou à des routes de commerce très intense par des classes spécifiques de marchands et d'hommes politiques qui prennent en charge

Le paysage alimentaire

Si l'on cherchait vraiment à comprendre comment les États-Unis se sont fourvoyés dans le *fast-food* ou encore l'épidémie d'obésité et de surpoids qui touche plus d'un habitant sur deux, il faudrait se demander s'ils avaient une alternative qu'ils n'ont pas saisie. Ce n'est pas sûr. Car le besoin de viande (le *hamburger*) et de céréales pour l'alimentation des citadins, dans une aire où l'élevage constitue la première richesse agricole, a pu être satisfait par la mise en valeur de la Grande Prairie sur le modèle extensif du *ranch*. Ce modèle ne vient pas de nulle part. Il est issu de la colonisation ibérique et de son système latifundiaire.

Dans des régions aux faibles densités comme le Sud et de l'Ouest, il mêle les codes de la grande propriété (la fierté de posséder des milliers d'hectares) et ceux d'une bataille contre les Indiens (le western au cinéma). Il s'installe dans le Midwest céréalier qu'une mécanisation précoce alliée au réseau ferroviaire va permettre de coloniser rapidement. L'élevage possède alors toutes les ressources céréalières pour intensifier une production dont les maillons se taylorisent dans le but de satisfaire la course au temps qui caractérise la civilisation urbaine États-Unienne. Ainsi, le goût des citadins a fabriqué les paysages de l'*openfield* américain[1]. Ailleurs, les rizières, les vignobles, les bocages, les oasis sont aussi de beaux exemples de ce qu'on peut appeler les « paysages alimentaires ».

1- G. Fumey, *Du déterminisme en géographie de l'alimentation*, http://www.cafe-geo.net/article.php3?id_article=1097

cette connexion. En France, la puissance agricole de la Beauce et des plateaux picards est née de Paris et non pas de leurs lœss fertiles, tout comme en Ukraine la richesse est venue de Kiev, et de Chicago dans les grandes plaines des États-Unis.

On peut s'interroger sur les raisons de la pérennité de certaines civilisations urbaines qui n'étaient pas ravitaillées par des zones agricoles proches : Tokyo, New York, Londres, qui comptent parmi les grandes métropoles mondiales, ont dépassé la dizaine de millions d'habitants lorsqu'elles ont été mises en contact – par leurs ports et leurs systèmes de ravitaillement – avec des zones agricoles éparpillées dans le monde qu'elles ont stimulées. C'est à partir de là, qu'elles ont pu construire des systèmes alimentaires qui en ont fait des pôles de rayonnement du goût. Le goût du Japon, à travers les sushis et les sashimis, se répand dans les quartiers riches des grandes villes mondiales qui peuvent travailler du poisson cru, ou le conditionner pour des circuits de consommation courts pour des mangeurs valorisant la « fraîcheur » des aliments. Le goût de New York passe par la mode des « Deli » déclinée à l'infini, les bagels[6] pourtant d'origine européenne. Le goût de Londres est présent dans tous les pubs anglais de la planète, et d'une certaine manière dans le thé de l'après-midi ou la consommation de beignets dans les rues. Dans le même temps, l'alimentation de la capitale anglaise s'est aussi mondialisée et, pour certaines classes sociales, cela signifie par exemple manger « asiatique » chez Wagamama ou Ping Pong, Song Que et Viet Hoa, dont les toponymes sont assez explicites. À moins de préférer Hamburger Union, Afghan Kitchen ou Tas et ses mezze, Porchetta et ses pizzas, Masala Zone et ses currys à la viande avec dhal ou raita, à moins qu'on ne se régale d'un *Fish and chips* ou d'un *brunch* végétarien chez Eat & Two Veg.

6- Le bagel ou beguel est un rouleau en forme d'anneau, à la texture très ferme, fait d'une pâte au levain naturel plongé brièvement dans l'eau bouillante avant d'être passé au four. C'est le pain traditionnel que l'on retrouve dans tous les pays où vit une communauté juive ashkénaze. Ces petits pains en forme d'anneaux ont suivi les immigrants aux États-Unis et au Canada où ils se sont répandus, garnis de fromage en crème, de saumon fumé ou de tout ce qu'on veut selon la fantaisie et l'imagination de chacun.

Derrière toutes ces dénominations, il ne faut pas oublier que les produits comme les cuisines sont issus de procédés de fabrication initiés par la recherche agronomique, ce qui introduit des facteurs de puissance non étrangers à la géopolitique. Les filières de recherche agronomiques sont d'autant plus fortes qu'elles dépendent de secteurs industriels qui se mènent une concurrence sans merci sur les sélections de semences, les intrants et de multiples manipulations (appelées « améliorations ») sur les produits agricoles eux-mêmes.

En laissant de côté ici la question des OGM, on peut souligner l'évolution d'une institution comme l'Inra (Institut national de recherche agronomique) dont les ingénieurs ont œuvré surtout pour satisfaire les exigences de la grande distribution. La demande d'une forte productivité depuis cinquante ans a été comblée aussi par une intégration à des filières de distribution hautement taylorisées. Les fruits, pour ne prendre que cet exemple, sont devenus des objets comestibles tape-à-l'œil, à hauts rendements, parfaitement calibrés et pouvant supporter des conservations et des transports de longue durée. Le résultat a été que le pouvoir antioxydant, par exemple, est trois fois moins élevé pour une variété industrielle de fraise que pour un fruit des bois ; que, pour des pêches sans saveur, la perte en polyphénol (une molécule recherchée contre les maladies cardio-vasculaires) est considérable par rapport à une pêche sauvage. Enfin, s'agissant de la tomate, dont la durée de vie après la cueillette s'est allongée de trois semaines dans les années 1980, la perte en vitamine C due aux conséquences de ce gène de longue vie lui ôte tout son goût. L'Inra fait son *mea culpa*[7]. On peut y voir le poids qu'ont eu les institutions de recherche dans les mutations du goût alimentaire, et les formes de standardisation qui furent valorisées dans un passé proche. On semble s'en éloigner aujourd'hui au nom de la biodiversité[8], un concept fourre-tout qui reprend à son compte les demandes des consommateurs avertis.

7- *Les fruits et légumes dans l'alimentation. Enjeux et déterminants de la consommation. Rapport d'expertise* (2007). Site : inra.fr

8- *Agriculture et Biodiversité.* Rapport Inra, 2008. Site : inra.fr

Goût contraint, goût construit

Le caractère géopolitique du goût tient au fait que certains goûts s'imposent plus que d'autres, d'abord par des stratégies commerciales et, ensuite par des politiques publiques incitatives ou correctives selon l'impact sanitaire ou économique de ces stratégies. Les firmes agroalimentaires et de la distribution sont parmi les plus puissantes du monde[9], notamment grâce à la notoriété acquise par les marques. Car se nourrir est un acte que tout être humain accomplit plusieurs fois par jour, recourant de ce fait à des repères que les marques savent entretenir. Les marques alimentaires exploitent cette proximité par une mise en scène permanente[10]. Alors que la France ne comptait quasiment aucune grande entreprise dans l'agroalimentaire et la distribution, en dehors des chargeurs de grains et autres semenciers, aujourd'hui une firme sur dix appartient au secteur de l'alimentation et de la distribution dans le TOP 50 des entreprises par chiffre d'affaires. Pour ces sociétés, la stratégie, c'est gagner des parts de marché par tous les moyens, les plus nobles comme les plus contestables si l'on prend comme indicateur le nombre des procès que leur font les consommateurs. Les absurdités de marketing constatées par des chimistes indépendants sur certaines boissons stimulantes vendues depuis 2007 avec « zéro » sucre et sans calories mais contenant de l'aspartame et de l'acésulfame-k témoignent de cet appétit de conquête « par tous les moyens[11] ».

9- Par exemple, Wal Mart, simple héritière d'un bazar de l'Arkansas des années 1950, attire 25 millions de clients dans 3 500 hypermarchés. Les actionnaires surveillent l'accroissement d'un chiffre d'affaire qui s'établissait à 256 milliards de dollars en 2005. Un documentaire, *Wal Mart, le géant de la distribution* (Arte, 29 août 2008) a montré la ruine d'un fournisseur, Rubbermaid, mis à genou par l'abaissement des prix. Aujourd'hui, elle est le pionnier de l'importation de produits asiatiques à très faibles coûts. « Wal Mart n'est pas un tyran » se défend l'entreprise. L'enquête suggérait l'inverse.

10- G. Fumey, « Les firmes agroalimentaires, actrices majeures de l'idée de mondialisation », *Bulletin de l'association des géographes français*, n° 3, 2008.

11- Ainsi, la même firme admet que son produit « Zéro » aurait pu s'appeler « Light 2 » mais le Light est trop connoté féminin auprès de la clientèle masculine…

Le goût des enfants est-il géopolitique?

L'être humain a souvent été surpris par les comportements alimentaires? On a repéré maintes fois le goût inné des petits pour le sucré et le gras, et le dégoût, chez certains, pour les saveurs amères ou acides. Un comportement à la valeur adaptatif orientant le bébé vers ce dont il a besoin.

La psychologue Nathalie Rigal[1] a pu prouver que l'alimentation de la mère oriente certaines préférences olfactives pour les bébés. Mais jusqu'à l'âge de 3 ans, l'enfant aime les produits de forte densité énergétique, même si certains parents l'acceptent mal par crainte du surpoids. Par la suite, le rejet des légumes a pu être expliqué par le rejet de l'amertume, le faible sentiment de satiété donné par les végétaux ou encore, une peur ancestrale d'empoisonnement. Ce qui explique, sans doute, l'offre hypersélectionnée de l'industrie sur ce marché.

La question est de savoir comment guider les choix des enfants? Sachant qu'ils sont très sollicités par les campagnes médiatiques de publicité et une offre surabondante (que le législateur français a dû faire sortir des écoles en 2010), ils ne perdent pas toujours leurs capacités d'autorégulation au cours de leur développement. Le politique est-il bien informé lorsqu'il condamne les produits gras ou sucrés? Pour N. Rigal, ce n'est pas sûr : « il faut proposer à l'enfant l'ensemble des possibles et lui offrir les moyens de gérer les quantités dont il a besoin en lui apprenant à rester centré sur ses sensations de faim et de satiété, et en évitant les sollicitations par des signaux externes. »

C'est donc la culture familiale qui va instiller chez l'enfant l'envie de consommer un aliment, en impliquant l'enfant à la préparation d'un repas, en procédant à des consommations répétées, avec des personnes éprouvant du plaisir à consommer ces aliments. Jonglant entre la permissivité et l'autoritarisme, les parents peuvent éviter les rejets. De ce fait, on distinguera bien les enfants vivant dans des cultures familiales peu éducatrices, telles que les a décrites Emmanuel Todd, et ceux vivant des sociétés où la cuisine familiale est peu pratiquée et valorisée (États-Unis, par exemple).

L'attirance pour les produits gras et sucrés ne peut pas être condamnée mais doit être encadrée lorsque certains enfants perdent

1- N. Rigal, « L'enfant face aux aliments », *TdC n° 1011, Paris, CNDP, 2011.*

leur capacité innée à réguler leurs prises alimentaires en fonction de leurs besoins physiologiques. Le plaisir garantit des conduites adaptatives, pour autant que la psychologie du goût parvienne à étayer encore ses conclusions.

Le caractère multinational de certaines firmes est destiné à atténuer l'effet des frontières invisibles du goût. En transformant le mangeur en consommateur, elles suscitent en lui des désirs pour lui apporter une satisfaction. Le consommateur est pensé comme une machine désirante dont les comportements ont été décryptés par les psychologues et les nutritionnistes, alors que le mangeur est une personne qui s'identifie aussi par un ou plusieurs statuts : enfant, producteur, malade, jeûneur un soir de ramadan, gourmet dans un restaurant étoilé, etc. Autant de diversité qui freine certaines formes de standardisation de l'alimentation prise en charge par les industriels qui ont tenté de passer outre sur ces caractéristiques identitaires des mangeurs.

Le goût construit (par certaines catégories de mangeurs) naît avec la pression des industriels. Les Européens, selon C. Fischler et E. Masson[2], ceux qui sont le mieux nourris, cherchent les traditions alimentaires fondant leur culture et leur comportement. Si consommer, c'est paraître, manger, c'est se faire plaisir. Les silhouettes minceurs ne sont plus des parangons de vertu et de beauté. Elles apparaissent comme des carcans qui ont véhiculé des images très coercitives pour les femmes. Souvent, le contraire du plaisir. Se faire plaisir, ce n'est pas obéir à des injonctions extérieures à soi, c'est se souvenir et transmettre. Dans l'alimentation, il n'est pas prouvé qu'en dehors de la satisfaction sociale, le plaisir individuel vienne d'une initiative standardisée. Aujourd'hui, dans les pays riches, la cuisine peut devenir un hobby. Mais le mieux disant nutritionnel fait pourtant des dégâts dans les pays anglo-saxons. Il traduit une géopolitique qui partage le monde riche en deux « styles » de manger. D'un côté, un pôle « américain » dans lequel l'individualisme prédomine. La nourriture est associée à la santé pensée individuellement. La nutrition fait de l'alimentation une affaire personnelle pour chaque mangeur. On y veut le plus de choix possible. Et si on a l'impression qu'on n'a pas fait le bon choix, on en ressent une culpabilité. Inversement, dans les pays européens et, plus spécialement,

2- C. Fischler, E. Masson, *Manger. Français, Européens et Américains face à l'alimentation*, Odile Jacob, 2007.

latins, manger a une dimension collective, publique, sociale. On peut y voir des « faux végétariens » qui préfèrent dire qu'ils n'aiment pas la viande car il est déplacé de montrer ses préférences. Les repas pris en commun sont valorisés socialement. Dans le modèle américain, la part imposée du goût l'est par les allégations relatives à la santé. La part rebelle est liée aux choix des mangeurs qui valorisent comme une qualité la multiplicité des propositions. Dans le modèle européen, la part imposée du goût l'est socialement, la part rebelle portant plutôt sur la contestation d'une alimentation dont on dissimule la piètre qualité, ou bien sur la recherche d'une qualité supposée, offerte par le bio ou le « naturel » qui prend des habits différents selon les régions où il est imaginé et consommé.

Toutes ces variétés de perception sont essentielles pour comprendre comment la culture alimentaire qui est à l'origine du goût ne se construit pas *ex nihilo*. La géographie trace des aires culturelles qui prennent corps dans l'assiette parce que les sociétés sont ce qu'elles mangent. Les produits et les plats sont les vecteurs d'un goût ancien, construit par des centaines de générations qui ont extrait de leur corpus général quelques produits ou saveurs dont ils ont fait – ou dont on a fait, de l'extérieur – leurs emblèmes, voire leurs totems. Chaque échelon géographique peut se caractériser sur le plan alimentaire par un goût affiché comme dominant : ici des pays comme la Tchéquie ou la Belgique marqués par la bière, la Norvège par le hareng ou l'Iran par la grenade, là des villes, comme Bâle et ses läkerli (gâteaux secs) ou Nantes et ses biscuits, ou plus vastes encore comme une région continentale, tel le Maghreb et le couscous, l'Asie et le riz. Chacun de ces goûts nichés dans les produits exprime un rapport étroit avec un lieu géographique et une histoire stratifiée. Mais ces goûts ne sont pas indépendants des pratiques des mangeurs, construites par un rapport au temps et aux autres.

Le « naturel » dans l'alimentation

France	Biologique, eau, **fruit**, **légume**, écologique, air, **sain**, campagne, ferme, lait, jardin, pain, frais, vert, terre
Italie	**Verdura**, **frutta**, biologico, aria, genuine, **sano**, acqua, latte, cibo, campagna, vita, pane, sole
Allemagne	**Obst**, Wasser, **Gemüse**, luft, biologische, ohne, Sonne, natürlich, Baum, Walt, **Gesund**, Garten, Milch
États-Unis	**Fruit**, **vegetable**, **health**, organic, food, whole, grain, juice, fresh, vitamin, water
Grande-Bretagne	Water, **fruit**, **vegetable**, air, **health**, fresh, organic, environment, yogurt, color, pure, tree, milk
Suisse	**Légume**, **fruit**, biologique, **sain**, eau, céréale, lait, jardin, campagne, frais, vert, simple, pain

Source : C. Fischler, E. Masson, *Manger*, Odile Jacob, 2008.
Traitement du corpus des réponses à la question : « Si je vous dis naturel, quels sont les trois mots qui vous viennent spontanément à l'esprit ? », enquête Ocha. Les mots de la liste sont classés par ordre décroissant des occurrences.

Chapitre IV
LES MARCHÉS SENS DESSUS DESSOUS ?

Depuis la fin des années 2000, les fortes secousses de prix sur les marchés de céréales ont exposé aux famines les populations d'une cinquantaine de pays. Au même moment, de nombreux gouvernements se frottaient les mains d'avoir ouvert les marchés agricoles. Du jour au lendemain, ces pays fragilisés par cette libéralisation ont vu surgir les fantômes des disettes millénaires, des « guerres des farines » et des adoptions en catastrophe de lois frumentaires. En cherchant à lire cette crise, la communauté internationale a immédiatement incriminé la Chine. Son empire sur les marchés agricoles ne cesse-t-il pas de s'accroître parce que la nouvelle classe émergente veut manger de la viande ? L'offre peu élastique de surfaces cultivées et l'épuisement des stocks pour faire face à cette demande imprévue ont provoqué une flambée des prix, que la hausse de l'énergie a attisée, pesant d'autant sur les coûts de production, le transport. Mais la ficelle chinoise est apparue un peu grosse.

Les deux autres facteurs de la crise qui ont été les plus fréquemment avancés sont les biocarburants et la spéculation. La production de biocarburants s'est accrue très vite dans les pays riches. Et tout le monde a fait le lien entre cette faim énergétique au Nord et la faim alimentaire au Sud. Le coup de tonnerre de Jean Ziegler, alors rapporteur spécial de l'ONU sur le droit à l'alimentation, résonne encore dans les médias depuis avril 2008 : « Les biocarburants : un crime contre l'humanité. » L'autre facteur, financier cette fois, tient à des fonds spéculatifs qui se sont portés sur les matières premières alimentaires. En un an, les cours du maïs à Chicago ont été multipliés par 1,6, ceux du riz et du blé par 3. L'envolée globale des prix alimentaire selon l'indice de la FAO a été de 36 %. Presque un record. Ce fut pour une classe de spéculateurs une manière nouvelle d'accaparer la richesse à bon compte.

Mais les marchés ont bon dos. Dénoncés pour leur brutalité, ils fournissent en réalité toutes les données à temps, puis enregistrent les résultats des comportements des acteurs, comme les politiques différées, les appâts du court terme, la voracité des investisseurs. Ce sont là les mauvais acteurs d'une pièce qui a tourné à la tragédie. Quatre raisons imbriquées sont avancées pour justifier la pression sur les marchés sur l'alimentation : la pression démographique, la croissance économique, le réchauffement climatique et les erreurs politiques graves dans la gestion de l'agriculture[1].

Une offre insuffisante : le retour de Malthus ?

L'augmentation de la demande sur les marchés est souvent analysée comme une calamité parce qu'elle a été brutale. Pourtant, depuis de nombreuses années, elle est due à l'accroissement de la population : 28,5 millions de bouches supplémentaires à nourrir chaque année. La population mondiale devant passer, selon les prévisions, de 6,5 milliards à 9 milliards dans la deuxième moitié du XXIe siècle, cette demande n'est pas près de s'éteindre. Une autre clientèle est en progression rapide – et ceci récemment – sur le marché mondial : ce sont les classes moyennes et bourgeoises du Brésil, de l'Inde et de la Chine qui adoptent de nouveaux goûts alimentaires. Traditionnellement consommateurs de céréales et de végétaux, agrémentés de temps à autre de viande de porc, les nouveaux Chinois sont devenus de plus gros carnivores : la consommation annuelle de viande par Chinois (moyenne lissée à l'ensemble de la population) est passée, selon la FAO, de 20 à 50 kg, ce qui a un fort impact sur la demande de céréales fourragères. Ce phénomène va-t-il se poursuivre, est-il inéluctable ? L'existence de régimes alimentaires[2] différents est là pour montrer qu'il n'est pas certain que la consommation de viande progresse partout dans le monde. Des politiques publiques pourraient inciter fortement à consommer

1- Voir chapitre VI.
2- Voir chapitre III.

autrement, en particulier en valorisant ce que certains appellent déjà une « alimentation durable », moins gourmande en calories d'origine animale, notamment dans les pays riches. Un meilleur respect de la confiance des mangeurs par des institutions qui encadrent la publicité, comme on l'a fait pour l'alcool et le tabac, est recherché. Car il n'y a pas de fatalité sur la consommation de viande : elle n'est pas inscrite dans le bien-être alimentaire. Dans l'histoire, d'ailleurs, les cultivateurs, mangeurs de céréales, s'opposaient aux éleveurs, plus nomades et gros consommateurs de viande et de lait.

Quoi qu'il en soit, en l'état, l'offre globale est loin de suivre. Les aléas climatiques ont rendu certaines récoltes médiocres, voire mauvaises ces dernières années dans des greniers de la planète qui comptent pour constituer des stocks, tels l'Ukraine et l'Australie. Jamais les réserves n'ont été aussi basses depuis trente ans. Qui se souvient de l'Europe qui croulait sous les surplus il y a une décennie alors qu'en 2008 elle a dû importer 15 millions de tonnes de céréales ? Certes, les récoltes qui ont suivi ont été bonnes en beaucoup de régions du monde, mais elles offrent à peine de répit. Le Sahel a beau avoir reverdi en bien des régions, les Cassandre de l'ONU prévoient une augmentation des zones touchées par la sécheresse de 60 à 90 millions d'hectares d'ici à 2060. Le nombre des malnutris pourrait « atteindre 1,5 milliard de personnes d'ici à 2080[3] ». Mais on est en droit de se demander ce que valent de telles prévisions devant l'ampleur de la crise alimentaire de 2007-2008 que si peu d'« experts » avaient vu venir. De son côté, *Science*[4] publie des prévisions pessimistes de l'université de Stanford en Californie : le sud de l'Afrique peut perdre d'ici 2030 un tiers de sa production de maïs – qui est la principale récolte –, l'Indonésie et l'Asie du Sud-Est voyant leurs principales cultures diminuer d'au moins 10 %. Le pire est-il toujours sûr ?

3- Source : GIEC (http://ipcc-wg2.org).

4- 1er février 2008.

Le cas d'une céréale qui flambe (crise de 2008) : le riz

Chiffres (de mars 2007 à mars 2008) : riz à Bangkok : +116 % ; maïs à Chicago + 63 % ; blé à Paris : + 49 %.

Un constat : début 2008, les marchés sont pillés à Bangkok. Les paysans thaïlandais sont asphyxiés par la flambée du prix de l'essence et des engrais. Sans systèmes de stockage des intrants, les paysans ont signé des contrats de livraison à l'avance et sont perdants en cas de hausse de prix. Certains s'en sortent en stockant du riz pour spéculer[1]. Mais le gouvernement dénonce ces comportements. En Afrique, à Yaoundé (Cameroun), les prix se sont envolés de 39 % et l'explication a été fournie par le coût des transports. La Côte d'Ivoire, le Sénégal et la Mauritanie ont suspendu leurs droits de douane pour faciliter les importations. Avec des dégâts collatéraux considérables, comme la déstabilisation des filières locales et, plus grave, le changement des habitudes de consommation.

Ce qui frappe, c'est la brutalité de la crise que, pourtant, on entrevoyait dès l'année 2006. Ainsi, à Bangkok, le 27 mars 2008, la tonne de riz passe de 580 à 760 dollars, soit + 31 % en quelques heures. Classique mouvement de panique lié à l'annonce d'une suspension par l'Inde de ses exportations de paddy. Peu de temps après l'annonce par le Vietnam de réduire ses importations et la recherche par les Philippines de 500 000 tonnes en Inde et en Thaïlande. En vain, d'ailleurs. Les financiers[2] se sont engouffrés sur ces possibilités d'obtenir facilement des gains.

Le scandale tient au fait que le riz est l'aliment de base pour 60 % de la population mondiale. Et une population asiatique qui augmente de 60 à 70 millions chaque année. D'autant que l'élevage animal consomme dans cette région des céréales qui manquent, amplifiant ainsi la hausse de la consommation.

1- Riceland International, Vichai Sriprasert, président, dans *Challenges* n° 120, avril 2008.

2- On peut citer ABN-Amro et son certificat Open-end du 10 avril 2008 calqué sur laperformance du contrat Riz paddy du Chicago Board of Trade.

La production mondiale alimentaire est excédentaire (début des années 2010)

	Production moyenne (j/personne)	Surplus théorique
Amérique du Nord	3 750 kilocalories	67 %
Europe	3 400 kilocalories	51 %
Asie	2 650 kilocalories	18 %
Afrique	2 450 kilocalories	8 %

Source : Nicolas Bricas, Cirad

On touche là un point sensible de la géographie de la production mondiale. L'intensification de la production pour satisfaire la demande ne peut pas être la même partout. Dans les régions tempérées, elle n'est envisagée que par l'accroissement des rendements alors que dans les régions tropicales chaudes et humides, elle peut passer par la multiplication des récoltes, jusqu'à trois par an. Cette configuration géoclimatique détermine des politiques différentes. Mais tous les pays tropicaux ne sont pas à la peine comme les régions sèches produisant ce qu'il faudrait mais qui ont peu de moyens de s'adapter à une succession de mauvaises années. Attaques d'insectes (40 % d'une récolte a été détruit en Guinée en 2012), mauvaises conditions de stockage, pertes pendant les transports, l'ensemble de ces dysfonctionnements coûte près de 30 % le « coulage » dans les régions du Sahel. La question n'est pas la fertilité de la terre mais la gestion des récoltes, selon Nicolas Bricas, du Centre international de recherche agronomique pour le développement (Cirad). Néanmoins, les mêmes chercheurs calculent qu'il faut augmenter de 40 % la surface des terres cultivables pour nourrir la planète dans quarante ans. Des millions d'hectares de terres arables existent, il suffit d'investir pour les rendre fertiles. « Le défi alimentaire se heurte à une limite financière plus que physique » selon J.-C. Debar, directeur de la fondation pour l'agriculture et la ruralité (Farm). Ainsi, le Mozambique présente un potentiel nutritionnel énorme : 14 % des terres sont exploitées actuellement, soit trois fois moins que ce qui est possible. Il faut donc voir la question sur le plan économique.

La croissance économique

La croissance est tributaire des cours du pétrole qui peuvent bondir en causant beaucoup de dégâts, comme cela s'est passé dans les dernières décennies. La flambée des cours provoque un renchérissement du coût du transport maritime qui représente désormais le tiers du prix des céréales. Elle rend les biocarburants de plus en plus attractifs : le sucre, le maïs, le manioc, le palmier à huile et le colza sont détournés de leur finalité nourricière. Dans certains pays africains, l'huile de palme est indexée sur le prix du pétrole. Et elle manque sur les marchés urbains où les Africaines ne peuvent plus suivre la hausse des prix.

L'avenir du pétrole est d'autant plus illisible que les géologues présentent la ressource en stocks absolus et les économistes en stocks relatifs par rapport aux monnaies d'échange. Les compagnies pétrolières qui prospectent soutiennent leurs cours par une sous-évaluation des réserves. Le cartel de l'Organisation des pays exportateurs de pétrole (OPEP) doit éviter la surproduction et diffuse des informations sur la hausse des réserves de certains pays qui leur permet d'accroître leur production et leurs revenus. En recoupant certaines études, on peut accréditer les thèses de Kjell Aleklett[5] qui s'inquiète de la forte diminution des réserves, à moins qu'on ne mette à profit les gisements du Kazakhstan – pourtant difficiles à exploiter –, les stocks de sable bitumineux au Canada et les réserves de gaz de schiste aux États-Unis. L'accroissement des prix redistribue les cartes de l'économie mondiale : la Chine[6] est devenue en 2010 le deuxième consommateur énergétique devant l'Europe. Il va donc falloir penser l'avenir de l'alimentation avec d'autres pistes que le pétrole abondant.

En même temps, la Chine n'a-t-elle pas réussi l'improbable à la fin du XXe siècle en parvenant à nourrir sa population ? Notamment dans un pays où les superficies en culture sont limitées et non extensibles et où les problèmes de l'eau sont redoutables,

5- Université d'Uppsala (Suède) : http://www.tsl.uu.se/uhdsg/Data/BP_Stat_2008.xls.
6- Rapport de la CIA présenté par A. Adler, *Comment sera le monde en 2020*, Laffont, 2005.

tant au Nord qui en manque qu'au Sud et où les inondations sont menaçantes. Nul doute que la variable démographique n'a pas été suffisante. Ce peuple de paysans et d'agriculteurs rompus à l'hydraulique a su mobiliser la main-d'œuvre pour des aménagements fonciers adaptés : Des centaines de milliers de petits barrages[7] ont été édifiées à la main et au panier, sans doute dans le cadre de travaux forcés qui ne peuvent pas servir de modèles pour les autres pays. L'éducation a également considérablement progressé, passant de 20 % d'analphabétisme en 1982 à moins de 4 % aujourd'hui.

La croissance économique est une variable qui a un poids considérable. Il ne faut pourtant pas se tromper de modèle et imposer dans les pays pauvres des solutions venues d'en haut qui ne soient pas d'abord des solutions paysannes.

Que faire des marchés ?

La question pourrait être perçue comme provocatrice tant il est vrai que les marchés assurent la circulation des produits alimentaires. Mais il faut savoir que les marchés n'échangent que 15 % de la production alimentaire mondiale tout en pesant considérablement sur le bien-être des deux milliards d'êtres humains « mal nourris », c'est-à-dire, pour l'ONU, ceux qui vivent avec moins de deux dollars par jour et un apport énergétique inférieur à 2700 calories par jour. Après tout, 85 % de ce que mangent les êtres humains provient des régions proches et voisines où vivent les mangeurs. La question posée par les marchés est que la demande qui devrait être satisfaite par l'offre ne peut l'être que si elle est solvable. J.-Y. Carfantan[8] avait dénoncé l'imposture de l'organisation commerciale internationale : car les pays riches ont-ils le droit moral de faire pression sur les pays en développement afin qu'ils ouvrent leurs frontières alors qu'ils ferment leurs propres marchés aux produits venant des Tropiques ? Qui organise donc cette vision des marchés quand on

7- L. Descroix, F. Lasserre, A. Le Strat, *L'Eau dans tous ses états : Chine, Australie, Sénégal, États-Unis, Mexique, Moyen-Orient*, L'Harmattan, 2003.

8- J.-Y.Carfentan, *La Mondialisation déloyale. Pour un nouvel ordre agricole et alimentaire*, Fayard, 2002.

sait qu'un J. Stiglitz, vertueux prix Nobel d'économie, pourtant coqueluche des altermondialistes, a poussé des pays en développement, *via* la Banque mondiale dont il a été vice-président, à préférer l'aide alimentaire plutôt que de s'engager dans des politiques agricoles ?

La première urgence est de protéger les paysans pauvres exposés à la concurrence internationale. Il est possible de rééditer dans certaines régions du monde dont les économies sont bien intégrées au niveau régional ce que le Marché commun agricole de 1962 avait mis en place en Europe. On doit réfléchir à une suppression pure et simple des dons qui apaisent la bonne conscience de l'Occident *via* les ONG. A-t-on évalué les dégâts causés par ces millions de tonnes de blé (plusieurs de dizaines de millions, certaines années, dans les pays en développement) lorsque les marchés craquent ? On met en avant ces « plans Marshall » locaux. Mais qui s'enquiert du fait que ce qui est donné est aussitôt revendu par certains acteurs locaux à un prix qui fait barrage aux producteurs locaux ? Peut-on, sans risque, valoriser les avantages comparatifs des pays les uns par rapport aux autres comme si les relations commerciales n'étaient pas sujettes à des fluctuations politiques difficiles et des situations économiques changeantes ? Lorsque l'Algérie de plus en plus acculée à la sécheresse va conclure des relations commerciales privilégiées avec l'Europe pour ses approvisionnements de céréales et de viande, comment fera-t-elle pour payer ses factures si les fruits et légumes sous serre ne suffisent pas à compenser la baisse des revenus pétroliers ?

La Chine responsable ?

Nouvelle venue dans le club des pays aspirant à la richesse, la Chine a été accusée de tous les maux dans la première décennie des années 2000. La masse de sa population effraie et les classes moyennes qui émergent sont accusées de vouloir s'enrichir, vieille rengaine de la politique chinoise qui aime opposer les bons et les méchants. Il n'est pas sûr que cette vision géopolitique d'une Chine gourmande soit la bonne. Fred Gale, du département américain de l'agriculture, rappelle que la Chine est devenue autosuffisante pour l'ensemble des matières premières agricoles, exceptés le coton et le soja. Les marchés chinois ont été intégrés par une politique régionale. Des terres qui seraient laissées de côté dans un pays riche ont été systématiquement exploitées. Depuis les années 1950, la Chine a fait face, seule, au triplement de sa population. L'OCDE confirme cette analyse en rappelant que la Chine est un exportateur net de blé et de riz (elle vendait au début de la décennie 2010 près de 3 % de sa production de blé et près de 1 % de celle de riz, soit environ 3 millions de tonnes de blé et 2 millions de tonnes de riz). Elle est aussi le premier exportateur d'ail, de pommes, de mandarines, de poissons d'élevage et de crevettes. Le ministère chinois de la Santé a mesuré un recul des apports caloriques provenant des céréales et des végétaux, passant de 97 % dans les années 1930 à 63 % aujourd'hui. La Chine joue un rôle plus important sur le marché des oléagineux dont la consommation progresse si l'on compare les ménages de Chine continentale (18 kg par an en 2010) et ceux de Taïwan (25 kg). Seul le soja, mondialement échangé, a été un instrument de déstabilisation des marchés agricoles par la Chine.

Selon le rapport *Perspectives agricoles 2008-2017*[9], les biocarburants ont joué un rôle autrement déterminant que la Chine sur le niveau des prix.

Les marchés : une conversion jusqu'à l'équitable ?

Les scientifiques, les économistes et, d'une manière générale, les statisticiens peuvent-ils lire les chiffres autrement que de façon alarmiste ? À moins de penser que les statistiques ont vocation à construire des politiques publiques ou des prévisions de marché, on peut voir sur le terrain comment s'organise la réaction à la pénurie et aux difficultés des marchés.

Le cas de l'Afrique est exemplaire car sur les trente-six pays en crise que recense l'OCDE au début des années 2010, vingt et un se trouvent en Afrique. Et il y a cinquante millions de personnes supplémentaires sous-alimentées en 2010 par rapport aux évaluations de 1990. L'Afrique est d'abord investie par un tissu

9- Source : OCDE.

associatif de longue date, qui a pris parfois, qu'on le veuille ou non, le relais de structures coloniales. Sous l'égide des Nations unies, l'Association de coopération et de recherche pour le développement tente d'identifier les raisons des flambées des prix de produits de base comme le pain. Les hausses brutales de prix sont liées à des connivences avec les hauts fonctionnaires qui apaisent les tensions en distribuant du riz bon marché et de mauvaise qualité[10]. Des ONG comme Afrique verte tempèrent les propos alarmistes tenus à propos des pays du Sahel. D'une part, les plus gros producteurs locaux profitent de la tendance haussière et certains en profitent pour étendre leurs terres, comme le préconise l'idée valorisante de posséder des latifundia en Amérique latine. Mais surtout se développe une agriculture alternative qu'au Lesotho (Afrique australe) on appelle « l'agriculture de conservation[11] ». Elle est expérimentée dans un pays dont la surface cultivable est de moins de 10 % de la surface du pays, un pays qui n'a quasiment rien investi en politique publique. Le programme cible d'abord les femmes veuves ou sans maris depuis que sévit l'épidémie du sida. Pas de labour dans un pays de fortes pentes, un semis de plusieurs graines et une productivité qui permet de dégager des surplus dès la première année. Les pilotes de ces opérations de terrain sont souvent des agronomes qui convainquent le gouvernement du Lesotho de promouvoir le *blockfarming*, projet pilote d'aide aux agriculteurs qui peuvent échapper ainsi à la tutelle des gros propriétaires.

L'autre lecture des marchés est de tenir compte des échelles en considérant que ce qui entre dans la statistique n'est qu'une part modeste de ce qui s'échange. Car les transactions de gré à gré, fréquentes dans toutes les campagnes du monde où vit encore la majorité des êtres humains, ne sont pas visibles mais atténuent considérablement les chocs commerciaux. Plus encore, cette approche altruiste des rapports interhumains a nourri une vision des marchés qui se veut équitable, solidaire et, donc, « durable ». Ne représentant qu'un pour mille du volume du commerce mondial, le commerce équitable apporte pour-

10- Source : Acord, entretien avec Macky Bah, www.acordinternational.org
11- http://nourrirlemonde.org/question1artlesafriques1.pdf

tant une réponse géographique à des consommateurs riches qui ne se contentent plus d'une simple « appellation d'origine » et veulent donner du sens à leur consommation (parfois) effrénée. Avec 80 000 points de vente, l'Europe est la région qui absorbe à elle seule près des trois-quarts de ce qui s'échange dans ces filières enracinées dans les pays tropicaux, principalement dans les produits alimentaires de grande consommation (thé, café, chocolat, banane, jus d'orange, riz, sucre, miel, ananas.). Elle consomme 5 % du thé sous ces labels et plus de 20 % du café. Max Havelaar, fondé en 1988 aux Pays-Bas, est à la tête d'un réseau de plus de 550 coopératives dans soixante pays, mais subit la concurrence d'un réseau américain, moins exigeant sur les normes, Rain Forest Alliance. La grande distribution tente aussi de capitaliser sur l'image vertueuse du commerce équitable mais les résultats sont lents et certains distributeurs restent mal notés par les consommateurs. Les règles de ce commerce sont destinées à bousculer les positions acquises des distributeurs, s'appuyant sur l'idée que l'échange est inégal. Les marchés n'en seront pas plus vertueux demain qu'ils sont brutaux aujourd'hui. Mais les consommateurs qui exigent de l'éthique pourront mettre en difficulté quelques secteurs symboliques dans des produits de très grande consommation, comme le café.

Il n'empêche, les marchés sont sens dessus dessous. Les pays riches, qui bénéficient de politiques de soutien à la production et à l'exportation très coûteuses pour leurs finances, ruinent les paysans des pays du Sud où l'on préfère les importations agroalimentaires à bas prix au préjudice des cultures vivrières nationales. Certes, s'ouvrir aux marchés internationaux pour les pays pauvres, c'est faire le pari que les habitants des villes vont pouvoir bénéficier d'une alimentation à bas prix et trouver une occasion de réduire les investissements agricoles. Un proverbe wolof au Sénégal dit qu'on « ne peut pas confier son ventre à l'ennemi ». Même si l'expression désigne la terre qu'on ne doit pas laisser à n'importe qui, elle qualifierait volontiers l'attitude dans laquelle sont les pays en développement qui ont délaissé l'agriculture pour des lendemains qui devaient chanter et qui ne chantent pas.

Les circuits courts pour court-circuiter les grands marchés[1] ?

Les réseaux alimentaires alternatifs, les circuits d'approvisionnement locaux, les partenariats solidaires se diffusent partout dans le monde. Mais ce qu'on appelle désormais les « circuits courts » désignant, au-delà de la logistique, des nouveaux circuits de distribution faisant intervenir « un intermédiaire au plus » et caractérisés par la proximité, sont de véritables enjeux géopolitiques du fait qu'ils touchent l'approvisionnement, le développement rural et paysan. Dans le vocabulaire anglo-saxon, les *alternative food networks* insistent sur leur position différente par rapport aux circuits de l'alimentation industrielle. Ils valorisent la responsabilité des agriculteurs et la question de la qualité, perçue autrement que chez les nutritionnistes.

Chaque région du monde donne un sens différent aux circuits courts. Au Royaume-Uni, l'approvisionnement local est soutenu pour lutter contre les *food deserts* de certains quartiers urbains où les commerces de produits frais ont disparu. C'est un sens alternatif. En Amérique latine, certains États les promeuvent à destination des populations les plus pauvres qui soutiennent ainsi les communautés paysannes elles-mêmes fragiles. Ailleurs, comme en Europe centrale, les circuits courts ont la charge de maintenir les traditions culinaires et culturelles. Selon G. Maréchal,[2] « dans leur globalité, constituant une masse suffisante, notamment en termes d'emplois, les circuits courts constituent une alternative crédible au productivisme agricole. »

En Afrique subsaharienne

On ne connaît pas le nombre d'Africains hostiles aux produits alimentaires importés, mais ceux qui habitent dans des régions aux forts potentiels agricoles sont nombreux à agir pour interpeller les politiques et les opérateurs économiques sur la souveraineté alimentaire locale. Pour toute l'Afrique, la dépendance alimentaire a pu atteindre certaines années au début de la décennie 2000 plus de 40 % pour le riz, 62 % pour le blé et 55 % pour le sucre et l'huile végétale. Le riz américain ou asiatique sur les marchés de Bamako

1- Source de cet encadré : *Transrural initiatives*, n° 417, juin 2012.
2- *Les Circuits courts alimentaires. Bien manger dans les territoires*, Educagri, 2008.

ou de Bujumbura est souvent moins cher que le riz local qui a demandé, selon M. Dufumier[3] jusqu'à cent fois plus de travail. Et les riz importés sont perçus comme plus faciles à cuisiner…

Mais depuis les années 1990, les industries locales promeuvent les aliments locaux notamment parce que certains sachets d'attiéké (couscous de manioc) et de flocons de mil précuit n'ont guère emballé les autochtones. La crise des prix de 2008 a ramené les politiques à des approvisionnements locaux mieux maîtrisés. Pour N. Bricas (Cirad), le sorgho est, en Afrique du Sud, un aliment-santé mieux perçu que le maïs, tout comme le fonio – pourtant difficile à cuisiner – au Burkina Faso. Des enquêtes menées en Côte d'Ivoire et au Nigeria montrent que le prix n'est qu'une donnée dans l'achat d'un produit alimentaire pour lequel jouent des déterminants culturels et sociaux importants. Au Mali, les appuis institutionnels de la loi d'orientation agricole valorisent les circuits paysans et en Ouganda, l'État taxe à 75 % les importations de riz pour stimuler la production locale et… l'exportation de riz !

En Europe

La diversité est telle que chaque pays construit différemment son rapport aux produits alimentaires. Ce qui est sûr est que les circuits courts ne sont pas un effet de mode. En France, 20 % des producteurs vendent en circuit court. En Europe orientale où la paysannerie est encore présente, on construit des circuits courts comme de « l'innovation dans la tradition » en revalorisant les produits et les marchés tel celui de Budapest, sauvegardé en 2010. L'Union européenne apporte sa pierre à l'édifice grâce au programme Leader (Liaison entre actions de développement de l'économie rurale) dépendant du second pilier de la Pac associant les partenaires publics et privés dans de nombreux pays comme l'Autriche. Au Royaume-Uni, le bien-être animal est une revendication qui peut accentuer l'accès aux circuits courts précisément parce que la viande d'origine industrielle est de moins en moins achetée. Il faut être néanmoins réaliste car le conditionnement des aides à la surface a considérablement gêné les petits producteurs. Ainsi, le « Paquet hygiène » taillé pour l'agroalimentaire n'est pas favorable aux producteurs paysans qui ont du mal à résister au rouleau compresseur de la normalisation. La France s'est singularisée par le Grenelle de l'environne-

3- *Agricultures africaines et marché mondial*, Fondation Gabriel Péri, 2007.

ment (2007) et le plan Barnier (2009) qui ont accouché d'une souris puisque les soutiens politiques aux circuits courts passent, s'ils existent, par les instances locales.

En Amérique latine

Deux cas différents se présentent : d'abord, les Andes et leurs communautés paysannes très actives dans les circuits courts, telles ces 75 000 familles en Équateur qui sont intégrées à des actions de circuits courts. Ensuite, les pays de grande agriculture comme le Brésil et l'Argentine où les classes aisées des métropoles s'approvisionnent sur des marchés de qualité alors que les habitants des favelas n'ont que les *venenos* (soja transgénique, farine blanche enrichie de fer, sodas, fritures, sous-produits industriels) pour se nourrir. Néanmoins, les premiers programmes comme Faim Zéro ont vu le jour en 2003. Ils impliquent producteurs, bénéficiaires désignés par des entreprises caritatives, État. Les paysans produisent, les citadins distribuent, l'État paie : un système qui fonctionne de mieux en mieux. La loi brésilienne encadre depuis 2009 l'orientation des cantines scolaires municipales vers des produits locaux. Une première initiative qui pourrait toucher les prisons, les hôpitaux et les maisons de retraite. Cette situation est d'autant plus paradoxale dans ce pays qui bat les records mondiaux d'exportation agricole et dont près de 80 % des aliments sont issus de l'agriculture paysanne. Dans sa thèse sur les Andes péruviennes (soutenue en 2017), la géographe Margaux Girard a démonté les mécanismes qui font évoluer la situation de l'agriculture paysanne très vulnérable, mais en même temps assez réactive grâce aux populations urbaines et aux mécanismes spontanés de contrôle de la qualité alimentaire dans les villes.

En Amérique du Nord

La catastrophe sanitaire que vivent les États-Unis où près de la moitié de la population est touchée par le surpoids pousse les pouvoirs publics, jusqu'au sommet de l'État avec Michèle Obama, à encourager les circuits courts[4]. Marqués par une approche nutritionnelle de l'alimentation, les Américains ont mené des actions de supplémentation nutritionnelle des femmes, des nourrissons et des enfants dès 1988 par l'achat de fruits et légumes frais auprès de

4- S. Devienne, Déméter, 2012.

producteurs locaux. L'initiative a été étendue aux personnes âgées, aux cantines scolaires et à toute personne aidée par un programme alimentaire. En 2012, ce sont plus de deux millions de femmes et plus d'un million de personnes âgées qui ont reçu des coupons pour se fournir en produits frais sur les marchés ou dans l'une des 5 200 fermes désignées, et 900 concernant des circuits courts. L'État fédéral a ouvert une politique de coopération avec les gouvernements locaux et les associations pour encourager l'utilisation de produits locaux dans les écoles. Depuis 2008, grâce au *Farm Bill*, une subvention encourage la préférence géographique de l'approvisionnement en fruits et légumes locaux.

Bientôt un réseau international[5] ?

En 2006, le réseau Urbain-rural est né pour diffuser les valeurs communes des structures comme les *Teikei* (Japon), les Associations pour le maintien d'une agriculture paysanne (Amap), les *Community supported agriculture* (États-Unis et Royaume-Uni). Il coordonne les actions au niveau international, facilite leur mise en cohérence pour souligner l'apport décisif de « l'Agriculture soutenue par la communauté » (ASC) à la construction d'un monde durable. L'association Urgenci a défini ces « partenariats locaux solidaires entre producteurs et consommateurs » impliquant l'idée d'un contrat, sans recette unique, mais mobilisant des consom'acteurs autour des risques et des bienfaits de l'agriculture paysanne (www.urgenci.net).

5- Voir aussi chap. VII.

Chapitre V
À QUOI SERVENT LES POLITIQUES AGRICOLES ?

Les mangeurs des pays d'abondance ne savent souvent pas très bien que c'est à des politiques agricoles anciennes, complexes, souvent efficaces, mais surtout coûteuses pour les collectivités, qu'ils doivent leur approvisionnement assuré. Dans ces pays, l'inquiétude pour se nourrir a quasiment disparu. Mais il est curieux que des organisations internationales bien conseillées aient pensé que ce modèle productif n'était pas transposable et que les pays du Sud pourraient se nourrir à bon compte en faisant confiance aux marchés. Dans les médias occidentaux, n'ironise-t-on pas souvent sur la baisse du nombre des agriculteurs, sur le maintien d'une administration de l'agriculture, toujours pléthorique, coûteuse et perçue comme tatillonne par les producteurs ? Qu'on se le dise : le libéralisme conduit inévitablement à la suppression de l'encadrement administratif et politique des agricultures qui sont transférées vers la sphère marchande.

L'histoire montre que la marchandisation de l'agriculture et de l'alimentation fut l'ambition des industriels américains depuis le milieu du XIXe siècle. Sortir les femmes de la cuisine au nom de l'égalité, étendre la sphère du marché à toutes les activités domestiques, accroître la gamme des produits consommés en gommant les caractères saisonniers de l'alimentation, tout a été bon pour feindre de croire que l'agriculture ne serait plus qu'une affaire d'organisation et serait soluble dans le capitalisme. Jusqu'aux émeutes des années 1930, qui virent des populations urbaines riches réclamer à manger, et le plus libéral des pays d'alors, les États-Unis, encadrer l'agriculture par un contrôle des marchés, en ayant recours à des prix garantis et des incitations à la production. Le modèle européen de politique agricole mis en œuvre en 1962 ne s'inspire pas, sur le fond, d'un autre cadre que celui du président Roosevelt, initiateur des lois pionnières AAA (Agricultural Adjustment Act) de 1933 et 1936. L'organisation des principaux marchés agricoles a été l'une des préoccupations majeures des organisations internationales depuis cinquante ans. Pourtant, face à l'« imprévisible » crise du printemps de 2008 – pourtant annoncée – aucune réforme n'a été mise en œuvre en urgence pour éviter la catastrophe. La question est donc bien de savoir à quoi servent les politiques agricoles.

Se protéger pour exister ? L'exemple de l'Europe du Marché commun

Les politiques agricoles ont été mises en place pour accompagner l'adoption de modèles agricoles industriels et, dans un deuxième temps, pour limiter les dégâts causés par un abandon du secteur au marché. Ce fut le cas aux États-Unis dès les années 1930 après la crise financière alors que l'Europe des années 1950, elle, avait plutôt une agriculture en état de sous-développement. Comme aujourd'hui dans certains pays d'Asie et en Afrique, elle ne subvenait alors pas à ses besoins. Les coûts de production étaient sans commune mesure avec l'agriculture des pays neufs déjà fortement mécanisés. Il fallait recourir aux importations, mais ces achats ruinaient la production locale et empêchaient tout développement. Soit les pouvoirs publics se résignaient à accompagner le déclin économique, soit ils résistaient, songeant au protectionnisme et mettant temporairement l'activité qu'ils encourageaient à l'abri de la concurrence. Mais pour jouir de cette liberté, il ne faut pas être engagé par des accords internationaux. En instaurant un droit de douane à l'entrée d'un pays ou d'une zone, les États relèvent artificiellement les prix des produits achetés et favorisent la consommation de produits nationaux, même s'ils sont au départ plus coûteux. C'est ce qu'a fait l'Europe qui avait pourtant signé les accords du Gatt[1].

L'idée des droits de douane s'est affinée grâce à une astuce des Pays-Bas qui ont mis au point un droit de douane variable s'ajustant aux fluctuations de prix du fait des aléas climatiques. Ce prélèvement que De Gaulle a imposé à l'Europe agricole en

1- Accord général sur les tarifs douaniers et le commerce. Voir aussi encadré pp. 80-81-82.

1962 sur le modèle néerlandais s'est doublé de l'instauration des prix garantis et des subventions à l'exportation. Une telle organisation commune de marché est, derrière les mots, fondamentalement libérale car c'est le marché qui régule, les pouvoirs publics ne se contentant que d'organiser, d'encadrer, d'orienter le marché dans un cadre non plus national mais européen.

Ce modèle est-il valable à l'échelle planétaire? Beaucoup ont pensé que oui. Ils n'ont pas vu l'usine à gaz que représentait ce système, en particulier du fait des parités monétaires qui n'étaient pas fixes[2], ainsi que de l'incitation à produire qui conduisit à une surproduction contre laquelle les quotas financiers en 1986 et autres « stabilisateurs » furent une réaction saine. Mais aujourd'hui, l'Union européenne est tentée par la dérégulation et la libéralisation des prix dans la perspective d'une révision de la Pac (politique agricole commune). C'est une attitude suicidaire parce que les marchés agricoles ne sont pas des marchés classiques. En cas de pénurie, reporter un achat alimentaire n'est quasiment pas possible. On voudrait régler au sein de l'OMC des échanges commerciaux agricoles et alimentaires sur les mêmes bases que les autres secteurs marchands. Le Mouvement pour une organisation mondiale de l'agriculture (Moma) a montré[3] que la libéralisation accentue l'instabilité des prix: elle ne les rend pas élevés et stables comme certains le pensent. La volatilité des marchés agricoles est structurelle car l'offre ne peut pas s'ajuster automatiquement à la demande comme pour la plupart des marchés industriels[4].

L'Europe et les pays en développement

Les dernières crises agricoles depuis le milieu de la première décennie 2000, ont, de nouveau, mis l'Europe sur la sellette. Les aides versées par le budget européen aux agriculteurs ont

2- Comme l'a montré la dévaluation du franc de 1969 à l'origine des montants compensatoires monétaires qui furent d'autant plus indispensables que le mark fut réévalué la même année.

3-www.momagri.org.

4- En 2007, la production mondiale de blé était de 603 millions de tonnes quand 617 millions de tonnes ont été consommées. Un écart de moins de 2 %, alors que les prix ont plus que doublé.

encouragé les surproductions qui furent écoulées ensuite à bas prix sur le marché mondial. Cette dépendance alimentaire, les pays en développement la paient cher le jour où le prix des céréales explose. Les ONG, entre autres Oxfam et WWF, ont pu convaincre durant les années 2000 le président de la Conférence des Nations unies sur le commerce et le développement (Cnuced), le Thaïlandais Supachai Panitchpakdi, et le secrétaire général de l'ONU, Ban Ki-moon[5], qu'il fallait encourager la relance des agricultures locales. De leur côté, en pleine révision de la Pac, les adversaires déclarés de l'Europe agricole (Royaume-Uni et, dans une moindre mesure, Suède, Pays-Bas et Danemark) mettent la pression sur leurs partenaires pour réduire les 50 milliards d'euros de soutien[6], soit 46 % des dépenses totales, et les orienter vers la recherche, la formation et l'amélioration de la compétitivité.

L'Europe a déjà vécu des remises en cause dans les années 1980 lorsque la surproduction a conduit à trois vagues de réforme (1992, 1999, 2003) qui ont réglé de nombreux dysfonctionnements du marché. En découplant les aides des quantités produites et en réorientant en partie vers la protection de l'environnement et le développement rural, les subventions à l'exportation sont passées de près de 10 milliards d'euros en 1992 à 350 millions d'euros[7] en 2009. La poussée des prix sur les céréales a facilité cette évolution, notamment vers les pays ACP (Afrique, Caraïbes, Pacifique) qui sont les pays les plus démunis du globe. Mais les restitutions européennes peuvent alléger d'autant la facture alimentaire dans les pays qui sont des importateurs nets, comme le Kenya qui a choisi de nourrir ainsi sa population urbaine[8].

Le reproche le plus fréquent fait à l'Europe porte sur les importations des pays en développement qui se heurteraient à une forteresse. Faux! Car l'Europe n'est plus excédentaire

5- « Il est temps pour les nations les plus riches de repenser leurs modes de subventions agricoles qui pénalisent de façon disproportionnées les pays les plus pauvres et contribuent à l'urgence actuelle » (9 mai 2008).

6- En 2006.

7- Prévisions de la Commission européenne énoncées en 2006.

8- J.-C. Bureau, Agroparis-Tech, www.parlonsagriculture.com.

et achète autant qu'elle vend, soit l'équivalent de 80 milliards d'euros en 2011 dans les deux sens. L'Europe est même la seule région du monde qui privilégie les produits venant de cinquante pays parmi les moins avancés, en vertu du règlement de 2001 appelé « Tout sauf les armes[9] » (TSA). La Politique agricole commune n'a donc pas toutes les tares qu'on lui prête et l'Union européenne s'est mis à l'épreuve du marché. Elle s'est engagée à supprimer progressivement les subventions à l'exportation à partir de 2013. La France résiste car elle souhaite maintenir un filet de sécurité par une mutualisation des risques et une régulation interne par des mécanismes d'intervention qui font cruellement défaut dans les pays pauvres.

La politique agricole commune 2014-2020 : quelle vision de l'agriculture[1] ?

Créée pour garantir l'indépendance alimentaire de la Communauté économique européenne de 1957 et mise en œuvre en 1962, la Pac s'est adaptée aux crises comme celle des surplus laitiers et des surproductions par des réformes sur les soutiens aux prix. Les thématiques environnementales sont apparues en 2003 et dans les années 2010, les priorités ont évolué ainsi que le montant alloué au budget de la politique agricole (la part consacrée à la Pac a baissé de 40 % à 36,2 % du budget européen). Mais ce qui inquiète l'Union européenne est la perte de parts de marché dans le monde du fait de la montée de nouveaux acteurs comme le Brésil ou la Chine.

L'élargissement de l'Union aux pays de l'Est européen a modifié l'attribution des aides en direction de ces régions orientales. Mais surtout, elle a atténué globalement le soutien aux agriculteurs (moins 4 milliards d'euros d'ici 2020), le soutien au développement rural. Les financements pour la recherche et l'innovation, l'aide alimentaire aux plus démunis (PEAD) et les réserves pour faire face à des crises sont maintenus.

1- G. Poirier-Lauvin, Chronique d'Europe, mai 2012, « Pac 2014 – 2020 : simple ajustement ou réforme d'envergure ? »

9- http://www.europa-eu-un.org/articles/fr/article_9_fr.htm.

Le principe de convergence entre agriculteurs de l'Ouest et de l'Est a visé à rééquilibrer les aides à l'hectare (340 euros pour l'Allemagne, 45 euros pour la Roumanie). Les aides directes aux grandes exploitations seront plafonnées à un maximum de 300 000 euros par exploitation, ce à quoi s'opposent les Britanniques, les Tchèques et les Suédois.

Les nouvelles priorités portent sur la gestion des marchés. Les quotas laitiers créés en 1984 ont été supprimés en 2015, ceux du sucre en 2017 et ceux des plantations de vigne entre 2015 et 2018. Mais les organisations interprofessionnelles et les groupes de producteurs seront soutenus pour améliorer la position des agriculteurs dans les négociations avec les filières industrielles.

Sur le pilier rural, la nouvelle Pac fixe six priorités : incitation au transfert de connaissances ; amélioration de la compétitivité ; promotion de la gestion de la chaîne alimentaire et des risques ; restauration, préservation et amélioration des écosystèmes ; promotion de l'utilisation efficace des ressources et transition vers une économie à faible émission de carbone ; et, enfin, promotion de l'inclusion sociale, réduction de la pauvreté, développement économique des zones rurales. Le quart de l'enveloppe allouée aux États sera consacré à la gestion des sols et la minimisation des risques liés au changement climatique.

La grande nouveauté serait-elle l'environnement ? Le « verdissement » de la politique est fléché par le maintien des pâturages, la diversification des cultures (au moins trois cultures sur les terres arables d'une exploitation), le maintien d'une zone réservée à l'écologie d'au moins 7 % de terres agricoles avec des lisières de champ, des haies, des arbres, des jachères, de biotopes et des zones de reboisement.

La Pac passe à côté de l'essentiel ?

La Cour des comptes européenne pointe en 2012 une politique trop complexe : « Malgré l'accent prétendument mis sur les résultats, la politique reste essentiellement fondée sur les dépenses et leur contrôle ; elle privilégie la conformité plus que la performance. » Plus grave est le risque de voir perdurer des versements à des bénéficiaires n'exerçant aucune activité agricole (comme le très critiqué cas de la firme Doux en France qui a reçu près de 50 millions d'euros d'aides en 2012, quelques semaines avant sa mise en faillite). La

Cour pointe aussi le manque d'aides aux jeunes et le faible lien entre la Pac et les territoires, proposant que les régions mettent en œuvre leur politique agricole. Ce que craint l'hégémonique FNSEA qui ne voit pas d'un bon œil l'idée de « 22 petites Pac » qui lui compliqueraient le travail...

Plus encore, la gestion des marchés impose de nouvelles stratégies car la volatilité des cours et le manque de compétitivité sont une menace lourde pour les petites exploitations. Comment se débarrasser de la course coûteuse au productivisme qui endette considérablement les agriculteurs ? Favoriser les investissements, les fiscalités ? Et les liens très violents avec la grande distribution qui impose trop de modes de consommation standardisés ?

D'épineuses questions en suspens[2]

L'alimentation géographique patrimonialisée par les labels et indications géographiques a permis la création de valeur dans les vins, spiritueux, fromages et charcuteries, pour l'essentiel. Certaines marques ont pu être défendues comme le champagne ou le cognac mais beaucoup d'autres labels doivent être protégés. À l'instar du bio qui a adopté une charte en 2010 et un logo européen en 2012. L'Union européenne doit s'abstenir de signer un accord agricole à l'OMC avant la conclusion d'un accord sur la propriété intellectuelle qui couvre les indications géographiques.

En attendant la production d'éthanol et de diesel à partir de biomasse cellulosique, il n'est pas sûr que le soutien pour les biocarburants de première génération se justifie par l'indépendance énergétique (ils représentent au mieux 3 % des importations de pétrole). Leur bilan écologique est incertain et leurs cultures sur les terres mises en jachère réduisent les avantages de la jachère sur le plan écologique. Il faut baser les nouveaux objectifs concernant l'énergie sur des analyses comparatives coûts-bénéfices de différents moyens pour réduire les émissions de carbone.

2 J.-C. Bureau, L.-P. Mahé, « La réforme de la Pac au-delà de 2013. Une vision à plus long terme », *Notre Europe, Études & Recherches*, n° 64, 2008.

Le libéralisme ou l'impasse des politiques actuelles

La vulgate sur l'agriculture à finalité alimentaire depuis la crise de 2008 est donnée par l'OCDE. Cette institution souligne que les aides publiques accordées aux agriculteurs des pays développés ont tout de même atteint en 2007 la somme de 187 milliards d'euros, soit 23 % des recettes agricoles brutes de la zone OCDE[10]. Ces montants sont jugés encore trop élevés et l'Organisation demande que les pays profitent de l'opportunité historique des hausses de prix pour réformer en profondeur les politiques agricoles. Pour elle, le démantèlement des mesures de soutien des prix est d'autant plus facile à réaliser que la FAO annonce un maintien de ces prix élevés pendant la prochaine décennie. Toutefois, les gouvernements peuvent orienter les moyens vers des aides plus ciblées comme les revenus des agriculteurs, les objectifs d'amélioration environnementale.

Les acteurs institutionnels et grands organismes de l'agriculture mondiale

OCDE (Organisation de coopération et de développement économique)

Fondée en 1961, cette institution regroupe les gouvernements de trente pays « attachés aux principes de la démocratie et de l'économie de marché ». Ses objectifs sont de soutenir la croissance économique durable, l'emploi, la stabilité financière. Elle aide les pays non-membres à développer leur économie et contribue à la croissance du commerce mondial. Elle se bat contre les aides à la production agricole dans les pays riches chiffrées plus de 200 milliards de dollars en 2010.

FAO (Organisation des Nations unies pour l'alimentation et l'agriculture)

Fondée en 1945, la FAO lutte contre la faim et travaille à l'amélioration de la productivité agricole et de la qualité de vie des popu-

10- *Les Politiques agricoles des pays de l'OCDE. Panorama 2008.* Un pourcentage en baisse par rapport à 2005 (28 %) et 1986 qui était le point de départ de cette mesure (37 %).

lations rurales. Elle dispose de moyens pour une assistance technique et juridique par le biais des programmes de coopération. Elle organise aussi des opérations d'urgence (voir plus loin).

Elle a dénoncé en août 2006 le rôle négatif des pays riches et de puissants lobbies « de s'accaparer des avantages sur les marchés agricoles », regrettant en outre que les négociations se soient focalisées sur « le commerce libre, plutôt que sur le commerce équitable ».

FMI (Fonds monétaire international)

Née en 1944, cette institution veille à la stabilité du système monétaire et financier international, par la surveillance et l'assistance technique des États membres. C'est aussi un fonds monétaire auxquels les membres ont recours en cas de difficulté. Sur l'agriculture, il a pris un virage à 360° : il préconise de ne plus supprimer les droits de douane et de trouver des systèmes de subvention pour aider les consommateurs. Son ancien directeur, Dominique Strauss-Kahn, pensant que l'attitude des producteurs réduisant ou stoppant les exportations (notamment la Thaïlande, l'Égypte, l'Inde et l'Indonésie) en cas de crise était compréhensible. Mais ce fut aussi un gâchis qui a empêché les paysans de ces États de profiter pleinement de la hausse des prix agricoles pour investir et construire une agriculture dont ils puissent vivre. Peut-on « profiter » des prix si l'on n'est pas nourri ?

Banque mondiale

Créée en 1945 comme l'ONU, elle regroupe la Banque internationale pour la reconstruction et le développement et l'Association internationale de développement. C'est le bras armé des pays riches qui apportent, à travers elle, une aide financière et technique aux pays en développement. Elle a été très active dans le financement d'agricultures productivistes dans les pays du Sud, notamment au Brésil et en Inde.

OMC (Organisation mondiale du commerce)

Remplaçant le Gatt (Accord général sur les tarifs douaniers et le commerce) depuis 1995, elle libéralise le commerce international et offre une table de négociation aux pays membres. Elle a repris les cycles de négociation du Gatt, dont celui de l'Uruguay (1986-1994) et a échoué lors du cycle Doha (2001-suspendu en 2006) sur l'ouverture des marchés. À la satisfaction de l'Inde, la Chine, le Brésil et des pays du G33 et de quelques interlocuteurs européens qui ont critiqué les aides agricoles et leur effet de distorsion sur le commerce.

Groupe de Cairns

Organisation internationale créée en 1986 à Cairns (Australie), ce groupe réunit dix-neuf pays en développement agro-exportateurs (Australie, Afrique du Sud, Argentine, Brésil, Colombie, Costa Rica, Bolivie, Canada, Chili, Indonésie, Malaisie, Guatemala, Nouvelle-Zélande, Pakistan, Paraguay, Pérou, Philippines, Thaïlande, Uruguay). Il a dénoncé la PAC et ce qu'il a désigné comme du protectionnisme de la part de l'Union européenne. C'est ce groupe qui a largement contribué à libéraliser le marché agricole mondial lors du cycle de l'Uruguay.

La Banque mondiale a, dans son rapport sur le développement publié en octobre 2007, reconnu avoir, pendant vingt ans, oublié… l'agriculture. Elle a noté que les trois-quarts de la population mondiale vivent dans les espaces ruraux et calculé que les agriculteurs vivant dans les pays en développement ne reçoivent que 4 % de l'aide publique agricole mondiale. Le Fonds monétaire international et la Banque mondiale ont privilégié depuis 1986 l'ouverture des marchés mais aujourd'hui la Banque reconnaît que la croissance agricole et la réduction de la pauvreté passent par des investissements publics dans les infrastructures rurales comme l'irrigation, les routes, le transport en général, l'accès à l'énergie.

L'Organisation mondiale du commerce est montrée du doigt parce que les négociations du Cycle de l'Uruguay, terminées en 1994, n'ont pas apporté les bénéfices attendus comme la stabilisation des prix mondiaux et le développement économique des pays les moins avancés. Le Cycle de Doha a déçu l'ensemble des pays qui s'étaient réunis, hormis les grandes puissances exportatrices qui bénéficient de rentes structurelles spécifiques pour les céréales et les viandes. Le marché mondial s'est montré incapable de stabiliser les échanges et il pousse à des comportements d'aversion aux risques qui portent un grand tort à l'investissement et l'amélioration de la productivité. Certains économistes[11] stigmatisent la vision négative que l'OMC a des aides, car ce sont des outils indispensables pour maîtriser les fluctuations et les niveaux de prix, pour garantir la pérennité des capacités de production et des approvisionnements, à des prix « raisonnables et stables pour les consommateurs[12] ». Ils insistent sur le besoin de ne pas isoler la production agricole de celle des biens et des services environnementaux liés à cette activité-là. L'Union européenne s'est dotée depuis 2007 d'une double institution : un FEAGA (Fonds européen agricole de garantie) qui soutient la concentration des exploitations, la réduction de la main-d'œuvre, la spécialisation des systèmes agricoles et la concentration géographique des productions, et un FEADER (Fonds européen agricole pour le développement rural) qui finance la diversification des productions, l'installation et la création d'emplois ainsi que le maintien de l'activité dans les zones difficiles.

Plus problématique est la prime donnée par les politiques agricoles en Europe et dans les pays industriels en général, à une agriculture productiviste, faite d'un nombre restreint de très grandes exploitations basées sur le salariat, un système jugé plus efficace qu'une agriculture constituée d'un nombre important d'exploitations de dimension suffisante pour rémunérer le travail familial. Or, il n'y a pas d'économie d'échelle déterminante en agriculture. Si l'on veut stopper la désertification des campagnes et maintenir des ruraux qui auront une activité utile à l'ensemble de la société, il faut freiner la concentration des exploitations. Surtout dans une perspective de développement durable[13] qui oriente la compétitivité de l'agriculture selon les trois axes de performance économique, environnementale et sociétale.

11- « Quelle politique agricole pour l'Europe ? », 25 janvier 2008, Académie d'agriculture de France, www.ruralinfos.org.

12- *Id.*

13- Voir les conclusions du sommet européen de Göteborg (juin 2001).

Le verdissement de la Pac, un casse-tête en France

La réforme de la Pac de 2014 s'était donnée comme objectif d'aider les agriculteurs proportionnellement à leurs efforts en faveur de l'environnement. Quatre ans plus tard, le ministre de l'Écologie et ancien militant, Nicolas Hulot, ne peut que constater l'échec de cette politique pour la France. La France est le deuxième pays plus gros consommateur de pesticides en Europe. En 2017, plus de 66000 tonnes d'herbicides, de fongicides et autres intrants chimiques ont été pulvérisées sur les champs. La (petite) baisse de 2012 n'a pas enrayé le mouvement global de hausse alors même qu'un plan Ecophyto, voté par les parlementaires en 2008, promettait une réduction de 50 % des pesticides en dix ans. Le bilan en 2018 est calamiteux.

Non seulement, les agriculteurs n'ont pas changé leurs pratiques, mais les cultures agricoles n'ont jamais reçu autant de produits chimiques: 5 % de plus, avec des molécules autrement plus véloces qu'en 2008. Du coup, près de la moitié des fruits et légumes contient des résidus de pesticides qui accroissent sérieusement les risques de cancer de la prostate, de maladie de Parkinson pour les agriculteurs pourtant alertés par l'INSERM.

Pire, Bruxelles a traîné des pieds, selon un rapport rigoureux de la Cour des comptes de 2018: « Le budget alloué au verdissement n'est pas justifié par la réalisation d'objectifs environnementaux (...). Le verdissement n'a suscité des changements dans les pratiques agricoles que sur 5 % des terres de l'Union européenne (...), soit seulement 13 % des exploitations européennes. » Et la Cour indique « peu probable » que ce pseudo-verdissement « induise des effets bénéfiques considérables pour l'environnement ». D'après les magistrats de la Cour, la mesure a coûté 2,2 milliards d'euros par an, rien qu'en France.

D'autres politiques agricoles: le cas des BRICS[14]

Les BRICS mettent en place des politiques sectorielles qui visent à améliorer leur compétitivité et leurs positions dans les décisions mondiales, notamment à l'OMC. Au sein même de leurs territoires, leurs politiques agricoles réservent parfois des surprises.

14- L'acronyme BRICS désigne depuis 2011, date à laquelle l'Afrique du Sud a rejoint le groupe, des pays en développement qui pèsent particulièrement dans l'économie mondiale et ne s'estiment pas toujours représentés face aux pays riches: Brésil, Russie, Inde, Chine et Afrique du Sud. Source des informations: *Economist Intelligence Unit* (rapport 2012).

Ancienne colonie portugaise, le Brésil est devenu un acteur dans l'aire lusophone. Une agence japonaise (JICA) avait lancé en 1979 un programme de valorisation du cerrado, savane stérile aux sols acides devenue depuis fertile. Cette réussite est en cours de transposition au Mozambique dans le corridor de Nacala. 80 % des Mozambicains sont paysans mais moins de 5 % de la savane est cultivée et peut être convertie en terres arables.

En Russie, la politique agricole aide les exploitants par la stabilisation des prix sur les marchés céréaliers. Le fonds d'intervention créé en 2011 rachète les stocks excédentaires de blé meunier et fourrager, de seigle, d'orge et de maïs quand les prix sont bas. Les achats se font directement auprès des agriculteurs en excluant les courtiers et les intermédiaires. Si les conditions de l'exploitant agricole s'améliorent, il peut racheter au fonds les stocks qu'ils lui ont vendu au prix plancher. Cette assurance dope la production de blé dans ce pays et sécurise le marché mondial.

En Inde, les sols ont souffert de la révolution verte et l'usage intensif de pesticides et d'engrais. La fertilité de nombreuses régions est en baisse, la végétation est touchée et la santé humaine et animale a reculé. Le gouvernement indien a lancé en 2009 la Carte de santé des sols qui analyse les terres agricoles et permet de fournir aux exploitants des recommandations sur les fertilisants à employer en fonction des besoins spécifiques en nutriments de chaque culture dans chaque parcelle. Depuis 2013, chaque exploitant doit disposer d'une carte de santé de ses sols. Un plan pour augmenter l'efficacité des engrais minéraux et encourager l'usage généralisé des engrais organiques.

En Chine, l'augmentation du niveau de vie a fait croître le nombre des supermarchés que les investisseurs étrangers ont multiplié après l'assouplissement de la réglementation. Les marchés de rue ont été très touchés et les agriculteurs privés du débouché de la vente directe. Le programme « Rattacher les fermiers aux supermarchés » lancé en 2007 par le ministère du commerce a fait évoluer les pratiques des distributeurs : Carrefour achète ses produits agricoles aux coopératives certifiées des régions où il est implanté. Walmart a créé « Tête de dragon », une société qui achète aux agriculteurs et Wumei, distributeur chinois, a lancé son programme d'achats en direct en 2009. L'opération est surveillée pour garantir partout des prix équitables.

Ces quatre exemples montrent comment les États peuvent bâtir des politiques ambitieuses et adapter les producteurs en fonction des mutations du comportement des mangeurs.

Vers la souveraineté alimentaire

Les dernières crises agricoles ont remis certaines horloges de la politique communautaire à l'heure et permis de mettre à plat l'accompagnement des baisses de prix. Il s'est avéré moins coûteux de contrôler des volumes de production que de compenser les baisses de prix. Le coup de tonnerre du printemps 2008 a signé l'échec d'un « marché commun » mondial de l'agriculture tel qu'il était pensé depuis les années 1980. Les organisations internationales ont eu tort de démanteler les dispositifs d'intervention physique comme le stockage et le gel des terres en les remplaçant par des instruments financiers comme le *loan rate*, le paiement compensatoire, les aides directes découplées[15], les assurances. Ces instruments ont accru l'instabilité et la volatilité des cours mondiaux, en reportant sur le marché mondial les fluctuations des marchés domestiques. On a même vu les États-Unis, initiateurs du découplage, y renoncer.

Les pays en développement, grands perdants à ce jeu du libéralisme forcé, doivent être encouragés dans la recherche d'une souveraineté alimentaire. C'est-à-dire une protection de leur capacité de production, comme le font les États-Unis. Les accords doivent être multilatéraux, engageant l'ensemble des membres signataires et pas seulement les importateurs et exportateurs[16]. À la condition toutefois que ces accords s'articulent sur des politiques nationales de type Pac, peu commodes à mettre en place, étant donné les difficultés de gouvernance dans de nombreux pays en développement. Mais ce n'est pas impossible lorsqu'on sait l'effort colossal consenti par la Chine et l'Inde pour parvenir à l'autosuffisance en

15- En jargon de la Pac, cela signifiait des aides à l'exploitation quels que soient les volumes de production.

16- Il existe, en effet, ce qu'on appelle les « passagers clandestins » qui sont des pays n'étant pas dans le dispositif, n'en supportent pas les coûts et détournent à leur profit le bénéfice des régulations réalisées par les autres.

choisissant la souveraineté alimentaire comme l'un des trois sens de la sécurité alimentaire[17]. Autrement dit, faire le choix de ne pas dépendre des importations.

Une politique agricole d'envergure mondiale

La politique agricole ne peut donc pas être fondée sur le marché mais sur la recherche d'un accès à l'alimentation qui soit garanti à tout être humain. Elle implique le règlement de questions comme l'accès à la terre et aux semences et principaux intrants de base, la capacité d'élever des animaux, notamment pour la fertilisation. Mais elle implique surtout la protection et la régulation des marchés par des aides contracycliques, c'est-à-dire pouvant être ajustées en fonction des fluctuations de prix. Par souci d'équité, les aides sont plafonnées par un volume de production ou un nombre d'hectares ou de têtes de bétail par actif. Ces mesures sont renforcées par des incitations qui encouragent les pratiques environnementales de protection de la biodiversité et des paysages, et par la transmission des exploitations à des jeunes agriculteurs. Pour le volet alimentaire de l'agriculture, la politique agricole peut orienter des aides vers les plus défavorisés, comme les États-Unis les pratiquent avec les *food stamps*, vers des cibles plus spécifiques, comme les enfants dans la restauration scolaire, ou vers certains produits de fort enjeu nutritionnel comme les fruits, les légumes et les produits de qualité en général.

La FAO et la faim

Ces propositions d'experts sur les *food stamps* se révèlent d'autant plus sensées que les organisations internationales ont été désignées comme responsables de la dernière crise agricole de 2008. Le président du Sénégal, Abdoulaye Wade, ne s'est pas gêné en mai 2008 pour demander la suppression de la FAO… présidée par un Sénégalais, Jacques Diouf, de 1994 à 2011. Au motif que les activités de la FAO étaient dupliquées par d'autres, comme le Fonds international de développement agricole (FIDA) dépendant lui aussi de l'ONU et que les charges de fonctionnement de l'institution sont prohibitives. À la décharge de l'organisation, on

17- Voir F. Landy, dans J.-P. Charvet, *Nourrir les hommes*, Sedes, 2008, p. 201.

dira que la FAO ne pilote plus l'aide alimentaire depuis la création du Programme alimentaire mondial ni l'agriculture des pays pauvres dont le pilotage dépend précisément du FIDA. Jacques Diouf avait même tiré la sonnette d'alarme d'une crise imminente auprès des 189 pays membres depuis de nombreuses années. Mais on lui a reproché de ne pas avoir pris de position plus ferme sur les biocarburants comme il l'a fait au sommet de juin 2008. Tout en défendant le fait que plusieurs pays d'Afrique et le Brésil misent sur la canne à sucre et le sorgho. L'or vert intéresse la Northern Sugar Ressources Ltd qui produit au Ghana de l'éthanol à base de canne à sucre à partir de 2010. La compagnie plante 30 000 hectares de canne à sucre sur des terres vierges au centre du pays et dont le produit alimente une usine construite par le brésilien Constran. Une production destinée à la Suède qui réduira d'un tiers le déficit suédois en biocarburants et devrait enrichir le Ghana. Quant au Nigeria, c'est sur le sorgho qu'il mise, notamment parce qu'il en est le premier producteur mondial.

La terre fertile, nouvel objet de razzia pour les pays riches

Depuis les années 2009-2010, la course à la terre arable a été d'une rapidité qui a surpris tous les observateurs: dans la première décennie du XXIe siècle, plus de 1 200 transactions ont porté sur près de 100 millions d'hectares, soit environ 2 % de la surface agricole mondiale. Le Cirad[1] tente de vérifier les contrats qui échappent à la publication comme celui qui aurait permis au Sud-Coréen Daewoo d'exploiter 1,3 million d'hectares à Madagascar.

À l'échelle continentale, l'Afrique a enregistré 62 % des transactions, l'Asie du Sud-Est (Philippines, Indonésie et Cambodge) a cédé 5 millions d'hectares alors que les pays qui ont vendu des terres sont touchés par la famine, l'Amérique latine ayant cédé, elle, moins de 3 millions d'hectares, principalement, le Brésil.

1- http ://landportal.info/landmatrix

Qui investit dans les terres ?

Les pays émergents, la Chine, la Corée du Sud et les pays du Golfe, sont les principaux intéressés à acheter leur sécurité alimentaire. Mais dans le club des gros acheteurs, on trouve... les États-Unis (3,2 millions d'hectares), la Grande-Bretagne (2,5) et la Suède (1,1). Le rapport Land Matrix signale que ce qui est produit sur ces terres tropicales est destiné à l'exportation pour la moitié des terres. Les investisseurs sont des entreprises privées dont le quart destinent les terres aux cultures non-alimentaires comme les biocarburants. Pourquoi les pays les plus pauvres comme le Soudan, l'Éthiopie, la République démocratique du Congo, Madagascar, les pays du Golfe de Guinée sont-ils convoités ? Parce que la propriété foncière est peu garantie. Il n'y a pas de projets qui aient été conçus avec les communautés locales qui sont, par ailleurs, incapables de défendre les intérêts de leurs paysans. On soupçonne aussi des dirigeants politiques locaux ou nationaux de s'être fait encourager par des versements illégaux.

Alors que les investisseurs vantent souvent l'aménagement de terres en friches, la moitié des transactions concerne des terres déjà cultivées, signifiant des expulsions de paysans, et pour des cultures nécessitant de gros besoins en eau ponctionnée sur des ressources déjà faibles.

Un accord international encadre la course à la terre

124 pays membres du Comité de la sécurité alimentaire mondiale (CSA) ont signé en 2012 des règles de bonne gouvernance foncière pour l'achat et la location de terres. Ceci pour protéger les populations locales et défendre leurs droits fonciers. Lorsque ces droits sont coutumiers et non pas écrits, les populations vulnérables sont privées de leurs droits et cela « augmente la faim, la pauvreté, peut conduire à des conflits et des dégradations environnementales ». P. Mathieu, expert foncier à la FAO, voit l'opportunité de créer des certificats fonciers comme en Éthiopie, à Madagascar ou au Niger. Grâce aux ONG, des plates-formes de négociation entre États et organisations de paysans sont chargées de mettre en application les textes. Les États-Unis sont prêts à financer des opérations techniques pour mettre en place des cadastres[2].

Voir l'ouvrage de S. Liberti, *Main basse sur la terre*, Paris, Rue de l'Échiquier, 2013.

2- *Les Echos*, 14 mai 2012.

Pour autant, les 1 400 experts de la FAO méritent-ils le bûcher pour avoir laissé l'incendie s'allumer sur les marchés au printemps 2008 ? La liste des publications de l'organisation montre une constante dénonciation de l'insuffisance des investissements dans le secteur agricole. On ne peut pas lui reprocher d'avoir été aveugle. Son réseau d'informations est sans équivalent dans le monde et la situation était connue, mais les alertes n'ont pas donné de suites politiques. La FAO reste utile pour les règles du jeu international qu'elle préconise sur les ressources phytogénétiques, destinées à garantir l'accès aux semences et leur diversité, pour ses projets techniques, son rôle de forum mondial et, enfin, pour ses missions d'urgence dans les catastrophes (une vingtaine d'interventions dans le premier trimestre de 2008 avant la crise). Son directeur général M. José Graziano da Silva, ex-ministre de la sécurité alimentaire du charismatique président brésilien Lula (2003-2010), incarne le succès du programme brésilien de lutte contre la faim « *Fome Zero* ». « Faim Zéro » a mis l'accent sur la participation de la société civile à ce programme et sur l'égalité hommes-femmes. Il a sorti 24 millions de Brésiliens de l'extrême pauvreté en cinq ans et réduit de 25 % la sous-alimentation dans ce pays. Ce succès sera utile pour sortir la FAO de son échec à s'imposer comme le véritable pilote de l'agriculture mondiale. L'occasion, sans doute, de redéfinir sa place, ses périmètres et ses capacités à convaincre les États à mener en concertation des politiques locales concertées.

En 2018, le risque de faim touche principalement quatre pays : le Nigeria, le Yémen, le Soudan du Sud et la Somalie, dans lesquels 20 millions de personnes ne disposent pas d'un accès sécurisé à la nourriture. Les quatre sont des pays peu stables, du fait de la sécheresse, mais surtout des conflits armés. Pour Peter Haley expert des crises alimentaires à Nairobi, « les famines aujourd'hui ne sont pas causées par le climat ou la sécheresse. Elles sont à 100 % d'origine humaine. Les famines ne sont pas dues à l'absence de nourriture, mais aux difficultés d'accès pour les populations à cause de décisions ou d'inactions politiques[18]. »

18- *Le Monde*, 28 mars 2017.

Retour sur la crise de 2008 : l'exemplarité du Sénégal et la fuite en avant du Bénin[1]

Les récoltes 2008 ont été au Sénégal des récoltes inespérées. Mais ce 1,8 million de tonnes de céréales, soit plus du double de 2007, ne sont pas tombées du ciel. Certes, les pluies abondantes ont été précieuses, mais c'est surtout le plan de relance du printemps 2008 en faveur des cultures céréalières et vivrières qui a fait passer le taux de couverture des besoins nationaux pour les récoltes d'hivernage (de juillet à novembre) de 17 % à 31 %. Un pourcentage qui passera à 40 % si on y ajoute les récoltes de saison froide (novembre à mars) et de la contre-saison (mars à juillet).

Le miracle est donc venu, très largement, de la « Grande offensive pour l'alimentation, la nourriture et l'abondance » (Goana) lancé par le président Abdoulaye Wade en avril 2008. Dépendant à 80 % des importations alimentaires, le Sénégal a été touché de plein fouet par la flambée des prix du riz et la décision de la Thaïlande, principal fournisseur, de geler ses exportations. Le privilège accordé au riz a été meurtrier. Il a fallu récupérer rapidement des terres utilisées pour les cultures pluviales qui avaient été délaissées (-20 % en cinq ans). Au printemps 2008, les surfaces cultivées connaissent un bond spectaculaire : +141 % pour le mil, +1 799 % pour le fonio, +136 % pour le riz irrigué, +348 % pour le maïs qui est aussi destiné à l'alimentation animale. Le budget de l'opération a été estimé à 525 millions d'euros, l'État consacrant 56 % en subventions pour l'achat des semences, des engrais, des produits phytosanitaires et des matériels agricoles.

Le président sénégalais a tiré la sonnette à la porte de l'Union européenne pour obtenir des aides. C'est… l'Inde qui a répondu en fournissant des tracteurs, motopompes pour l'irrigation, charrues, tondeuses-coupeuses, empaqueteuses pour les récoltes. Le montant de cette aide n'est pas connu mais le gouvernement de New Delhi s'est engagé dans une coopération avec un prêt sur vingt ans. En échange, le Sénégal met à disposition de ses partenaires indiens 240 000 hectares de terres cultivables.

Abdoulaye Wade veut ainsi montrer que l'Afrique a un potentiel de croissance et qu'il faut investir en infrastructures qui pourraient accélérer le développement et assécher les liquidités circulant dans les places boursières du Nord.

1- Sources : Colloque du *World Policy Forum* organisé par l'IFRI (octobre 2008).

Pendant ce temps, au Bénin, les choses se gâtent. Le gouvernement avait déjà fait l'erreur en décembre 2007, en pleine flambée des prix, de supprimer les taxes sur les produits de grande consommation comme le sucre, le riz et le lait. Il y eut bien un programme d'urgence d'appui à la sécurité alimentaire (Puasa) de 6 milliards de francs CFA pour soutenir la production de 50 000 tonnes de céréales. Mais les semailles avaient déjà eu lieu… Les réquisitions par l'État de terres à cultiver ont été faites dans la vallée du Niger qui est finalement inondée à l'automne 2008 et donc impropre à la culture. Le gouvernement a reconduit le moratoire sur les OGM en février, mais les multinationales tentent de forcer la porte.

Un programme américain, le Millenium Challenge Account, qui facilite l'entrée des produits béninois aux États-Unis a été signé en échange d'une cartographie des terres cultivables vacantes. Séduit par la voie brésilienne d'un développement par les agrocarburants, le président a autorisé, alors que les émeutes de la faim éclataient partout dans les pays en développement, une société italienne à planter des palmiers à huile. Pourtant, la culture du coton n'a pas laissé de bons souvenirs : les cours du coton ont chuté et les sols du pays épuisés. Faut-il préciser que l'Union européenne a un plan d'intégration de biodiesel et bioéthanol de 10 % qui prévoit que ces agrocarburants viennent des pays du Sud ? CQFD.

Les Nations désunies sur l'agriculture non alimentaire

Au sommet de la FAO à Rome (2008), en pleine crise, la géopolitique a repris ses droits. Comment surmonter une hausse des prix alimentaires de 83 % en trois ans et éviter que 100 millions de personnes supplémentaires ne basculent dans la pauvreté ?

Tout cela sur fond imprécatoire du directeur général de la FAO, le Sénégalais Jacques Diouf, qui souffle sur les braises, encouragé par le président égyptien d'alors, Hosni Moubarak : « Personne ne comprend que des soutiens de onze milliards de dollars en 2006 aient été utilisés pour détourner de la consommation humaine cent millions de tonnes de céréales » pour « étancher la soif de carburant des véhicules[2] ». Message reçu cinq sur cinq par le président brésilien Lula « scandalisé de voir l'éthanol, énergie propre issue des biocarburants pointée du doigt, un doigt souillé de pétrole et de charbon », assurant que la « culture pour les biocarburants n'est pas subventionnée », qu'elle n'empiète pas sur des terres arables. Avis contesté par un expert de l'OCDE qui confie qu'elle « repousse indirectement les pâturages nécessaires aux bovins vers l'Amazonie ». Pas davantage d'accord aux États-Unis qui affichent une part de 3 % de leur récolte de maïs consacré à l'éthanol, selon Ed Shafer, secrétaire d'État à l'agriculture, chiffre contesté par l'ONG Oxfam qui évoque 30 %.

Au Mexique, l'usine Biocyclos de Navolato (Sinaloa) est contestée dans un pays où la loi interdit de produire l'éthanol à partir du maïs, encore perçu comme l'aliment sacré des Précolombiens et uniquement en cas d'excédent (le Mexique a importé 8 millions de tonnes de maïs en 2007). Mario Molina, prix Nobel de chimie mexicain, est opposé aux biocarburants d'origine alimentaire tout comme le président du Nicaragua, mais ceux du Salvador et de la Colombie y sont favorables.

En Europe où résonne encore le coup de semonce de Jean Ziegler, rapporteur spécial sur le droit à l'alimentation de l'ONU (« Les biocarburants sont un crime contre l'humanité »), l'essence verte promue par les écologistes en 2006 est vouée aux gémonies deux ans plus tard. Validée à la va-vite par une étude de l'Agence de l'environnement et de la maîtrise de l'énergie (ADEME) datant de 2002, la filière s'empêtre dans le jeu politique : le Grenelle de l'environnement sabre le flexfuel par une pastille écologique, la firme Total achète l'éthanol et les agriculteurs qui ont investi près d'un milliard d'euros se font discrets pour ne pas rater le marché. Quant aux constructeurs PSA et Renault, ils doivent faire marche arrière et les étrangers Ford, Saab et Volvo, qui misaient sur la filière se retrouvent dindons d'une farce géopolitique au goût amer.

Un sombre bilan et une leçon à tirer de ces études scientifiques et économiques contradictoires, inspirant des politiques non moins perdus par des conjonctures changeantes qui déboussolent leur jugement. Jacques Diouf n'avait-il pas, finalement, tenu le discours qu'il fallait ? L'agriculture et sa priorité alimentaire, quitte à revoir les multiples formes de gaspillage énergétique dans le monde, ce n'est pas

2- Toutes les citations sont tirées des comptes-rendus des débats du Sommet de Rome (juin 2008).

une autre histoire, mais bien le cœur de la question. La France dont le leader du principal syndicat agricole, la FNSEA, a été également président de Sofiprotéol devenue filiale du groupe Avril, bras financier de la filière oléagineuse, ferait bien d'y réfléchir.

Géopolitique du savoir sur l'alimentation : ces OGM qui ont empoisonné le débat

La question des organismes génétiquement modifiés (OGM) a pris de court une grande part de la communauté scientifique et certains politiques. Elle est devenue un débat empoisonné et un dialogue de sourds dont personne ne sort indemne. Les sciences sociales se poseront un jour la question de savoir ce qui s'est cristallisé sur cette question. Était-ce la bonne méthode de parier que les Européens adopteraient le point de vue dominant des Américains qui les ont largement initiés ? Comment ont été posées les questions qui fâchent et pourquoi la science n'en a que plus agrandi le fossé avec l'opinion publique (et politique) en Europe ? Car personne n'est dupe, de ce côté-ci de l'Atlantique, que l'enjeu de nourrir la planète n'est qu'un alibi et qu'il faut savoir pourquoi cet argument a été mis en avant[3].

Les biologistes moléculaires ont découvert au cours du XXe siècle de nouvelles possibilités pour l'innovation variétale en même temps que les États-Unis protégeaient par brevets de larges pans du vivant, notamment les gènes, les séquences génétiques et tous les outils nécessaires pour créer un OGM. S'est donc banalisée une forme de propriété intellectuelle avec des variantes selon les pays. Le changement d'échelle dans le mouvement de privatisation de l'innovation variétale a conduit, de fait, à la privatisation de ces biotechnologies agricoles. Des groupes comme Monsanto (qui a diffusé jusqu'à 90 % des OGM), DuPont, Dow, Syngenta, Bayer et BASF, spécialisés dans les pesticides ont acquis des semenciers dans les années 2000 et contrôlent, de fait, une très grande partie du marché des semences commerciales.

3- Merci, pour ses éclairages, à M. Desquilbet : www.cap3b.fr/developpement-durable/actes-cap3b.pdf

Les OGM sont diffusés dans les pays riches pour diminuer les coûts de production par hectare en diminuant, par exemple, grâce au Roundup, le recours aux insecticides, mais pas pour augmenter la production par hectare. Au début des années 2010, les États-Unis et le Canada représentaient à peu près la moitié des surfaces OGM, l'autre moitié étant constituée de pays en développement avec des cultures d'exportation (pays du cône sud latino-américain et Brésil pour le soja destiné aux animaux, Inde, Chine et Afrique du Sud, pour le coton). On arrive à un large consensus sur le fait que les OGM n'ont pas d'intérêt particulier pour la sécurité alimentaire.

Pour les OGM en développement, il existe deux catégories en lien avec cette sécurité alimentaire : la biofortification (production de plantes enrichies en vitamines A, E, zinc et fer) et les variétés tolérantes à la sécheresse. Ces OGM sont développés par des firmes privées ou des partenariats public-privé dans les pays en développement (comme celui signé avec la fondation Bill Gates), sous l'égide du CGIAR (Groupe consultatif pour la recherche agricole internationale), qui les oriente largement sur les cultures locales (riz, manioc, sorgho, banane). Le CGIAR devant accepter les « fonds Bill Gates », ce qui pose un certain nombre de problèmes, n'est-il pas plus judicieux pour la biofortification de diversifier tout simplement l'alimentation ? Et pour la tolérance à la sécheresse de privilégier la sélection à partir de variétés tolérantes à la sécheresse plutôt que de passer par la voie OGM ? Les ONG sont-elles dans leur tort lorsqu'elles alertent les opinions sur le fait que BASF, Monsanto ou Syngenta déposent de très nombreuses demandes de brevets sur des gènes impliqués dans la résistance aux stress environnementaux, ce qui pose la question de l'appropriation des ressources qui sont du patrimoine commun ?

Le rapport 2009 de l'IAASTD (International Assessment of Agricultural Knowledge, Science and Technology for Development) intitulé *Agriculture at a Crossraods*[4], explique que les enjeux du développement agricole sont :

– la prise en compte de la complexité des systèmes agricoles, dans des contextes sociaux et écologiques variés, avec un fort sou-

4- Évaluation internationale des connaissances, des sciences et des technologies agricoles pour le développement initiée par la Banque mondiale et la FAO, avec une consultation produite pendant trois ans ayant associé 400 experts et 110 pays. Les représentants des industries des OGM sont partis avant la fin des travaux et les États-Unis, le Canada et l'Australie ont refusé de signer le document.

tien à des systèmes agro-écologiques reposant sur une connaissance et un respect des écosystèmes ;

– la reconnaissance des communautés agricoles comme des producteurs et des responsables des écosystèmes, consistant à donner le pouvoir aux agriculteurs de gérer les sols, l'eau, les ressources biologiques, la diversité génétique, les bioagresseurs de manière innovante ;

– l'augmentation de l'investissement privé et public dans les savoirs, sciences et technologies au sens large, la revalorisation des savoirs locaux et traditionnels ;

– des politiques d'accès au microcrédit, des politiques sur les régimes fonciers, un renforcement des marchés locaux et des infrastructures, des filets de sécurité.

Cette expertise alerte de manière forte que nourrir le monde, c'est une question plus compliquée que de développer une technologie et la diffuser auprès des agriculteurs. Elle dit aussi que le statu quo n'est plus une option. Et que pour assurer un développement durable dans le contexte actuel, il faudrait des changements fondamentaux dans la manière de faire de la science et de la technologie, dans les politiques, dans les institutions, dans les sociétés d'investissement.

Le rapport de l'IAASTD souligne le risque de contre-productivité à concentrer les recherches sur les biotechnologies agricoles sans soutien adéquat à d'autres recherches qui pourraient être aussi rentables et plus adaptées pour nourrir la planète de manière équitable et durable, un risque de concurrencer les innovations locales qui améliorent aussi la sécurité alimentaire et la viabilité économique des régions. Sans écarter le risque de voir la propriété agricole concentrée dans quelques mains. Ce qui fait conclure que les OGM en développement soulèvent des questions importantes quant à l'existence de solutions alternatives et des brevets.

L'intérêt des firmes industrielles est que les OGM soient perçus comme une solution indispensable pour nourrir la planète. Tout l'argumentaire de Monsanto a été de se présenter comme une réponse à la faim, à la durabilité et au développement. C'est pourquoi elle organise des soutiens parmi les autorités de réglementation (qu'on appelle en économie, la « capture du régulateur »), les journalistes, les politiques et la communauté scientifique.

Et maintenant ?

Après les OGM, voilà les NBT (*New Breeding Technique*, Nouvelle technique de reproduction) dont la méthode n'introduit pas un gène étranger. Dans les laboratoires de génie génétique, on dispose maintenant de ZFN3 (nucléase à doigt de zinc), ciseaux à ADN permettant de remodeler le génome avec une précision chirurgicale. Les firmes biotechnologiques assurent qu'il est impossible de faire la différence entre une modification génomique sur un organisme vivant telle que la réalise une NBT et une mutation naturelle. Pour bien préciser que les NBT ne sont pas sujettes à la réglementation sur les OGM (qui sont obtenus par mutagenèse, c'est-à-dire dont le génome est exposé à des agents chimiques ou des radiations pour les faire muter).

Le Haut Conseil des biotechnologies, créé en 2008 après le Grenelle de l'environnement, a exclu les NBT des OGM, provoquant la démission du biologiste Yves Bertheau (Inra) au motif que toute manipulation du génome peut avoir des effets inattendus. En 2018, l'avocat général de la Cour de justice des Communautés européennes affirme que « les plantes obtenues par mutagenèse sont des OGM » et que « l'insertion d'ADN étranger dans un organisme n'est pas requise pour qu'un organisme puisse être qualifié d'OGM ». Mais les associations écologistes et les agriculteurs biologiques récusent l'idée des industries semencières que les NBT seraient issus de procédés conventionnels ou « naturels » de sélection.

Le débat est loin d'être clos.

Chapitre VI
PAYSANS CONTRE INDUSTRIELS ?

Nous sommes à table dans un *self-service* en Europe Sur le plateau, des fruits, un plat chaud de poulet aux amandes avec du riz, une barquette de carottes râpées, du fromage en portion et une bouteille d'eau minérale. Tout cela, nous venons de le choisir parmi une gamme plus variée offerte à notre imagination. Un choix un peu mécanique, ou peut-être influencé par celui du voisin, par une lubie ou une empreinte publicitaire, l'eau des sources pour aller, qui sait, à l'origine des bulles, un gaz venant des profondeurs de la planète. Est-ce géopolitique, ce choix très individuel et très localisé ? Oui, parce qu'il y a des acteurs de conflits arbitrés par le mangeur tout au long de la chaîne alimentaire. Chez ceux qui nourrissent les humains, la vision du monde n'est pas uniforme. Ce conflit sur la manière de se nourrir est né à la fin du XVIIIe siècle en Europe lorsque les Lumières mettent au monde l'idée d'un progrès par la science et la technologie. Plus rien n'arrête alors l'industrie qui semble ouvrir l'horizon radieux de la production. Depuis, toutes les activités sont progressivement évaluées à l'aune d'une efficacité qui se mesure par le temps, le coût, le profit, et dont la somme des gains assure le meilleur des mondes de l'abondance.

Cette vision idyllique perdure encore dans la perception du temps consacré à l'alimentation, un temps considéré comme une perte dans les sociétés nord européenne et États-Unienne. Dès lors, toute innovation parvenant à limiter le temps consacré à l'alimentation est perçue comme une avancée. Le *fast-food* devient dans ce contexte le territoire de la nutrition moderne, et le cheval de Troie d'une industrie parvenue à un stade de taylorisme et de standardisation conquérant. Néanmoins, l'industrie alimentaire ne produit pas que pour le *fast-food.* Elle produit tous les ingrédients de base de notre épicerie (corps gras, sucre, farines) et les boissons, des ingrédients de haute qualité et de grande stabilité.

L'industrie agroalimentaire s'est construite dès le début du XIXe siècle. Son appétit de niches toujours plus lucratives l'a conduite à tenter d'investir tous les créneaux de la cuisine et de l'alimentation. En France, son chiffre d'affaires se monte à 147 milliards d'euros[1] et en Europe, l'agroalimentaire est l'un des premiers secteurs industriels. Aujourd'hui, dans la sphère productive, cette industrie est perçue comme un système efficace apprécié pour sa rentabilité et ses retours sur investissements. Elle est prospère et, dans l'ensemble, moins cyclique que d'autres secteurs. Elle se plaît à annoncer des records commerciaux comme ceux des exportations (56 milliards d'euros en 2011, soit le quatrième rang mondial après les États-Unis, l'Allemagne et les Pays-Bas). Du côté des consommateurs, l'attitude est ambivalente. D'une part, l'abondance est un état non partagé dans le monde mais apprécié là où il existe. Mais en même temps, dans certains pays, certains mangeurs voient mal les gains qu'ils tirent d'un secteur très présent dans leur espace de vie du fait d'une pression publicitaire considérable (médias audiovisuels, presse quotidienne régionale, *flyers* dans les boîtes aux lettres au domicile, grande distribution dont les établissements ont conquis toutes les entrées de ville), au total, un bilan environnemental assez médiocre. Cette inquiétude s'est traduite par une résistance à ce qui est perçu comme un affaiblissement de l'offre, un affadissement des saveurs, une banalisation des goûts.

Il y a bien une situation géopolitique conflictuelle entre deux conceptions de l'agriculture et de l'alimentation. D'un côté, le modèle anglo-saxon organise la production alimentaire comme un secteur totalement intégré, piloté par des firmes industrielles et marchandes liées par des contrats pluriannuels, un secteur qui relève d'une maîtrise par des ministères de l'industrie et du commerce. L'alimentation y est valorisée comme une activité individuelle qui s'exerce par des choix les plus larges possible. En face, un modèle « latin » pour lequel le passé paysan et citadin détermine des représentations hédonistes de l'alimentation,

1- Source : *Alimagri*, hors-série, édition 2012, p. 34.

un idéal de commensalité traduit par un repas partagé, un lien à des origines géographiques dont le marquage par appellation toponymique (renseignant sur l'origine, comme les AOC françaises devenues AOP européennes) satisfait l'attente qualitative. Ce modèle est appelé « latin » car il est présent dans les sociétés paysannes de l'Europe latine, mais il convient pour décrire le système japonais, et celui de nombreux pays en développement ayant conservé des paysanneries actives et inventives[2].

L'élevage industriel : des méthodes de plus en plus contestées

On ne l'a pas vu arriver en Europe depuis les États-Unis. Le modèle des fermes-usines était pourtant bien installé aux États-Unis depuis la fin du XIXe siècle, un pays qui n'a, d'ailleurs, connu que ce modèle d'élevage, en dehors des îlots mennonites de Pennsylvanie et quelques États voisins. Il s'est imposé dans les pays neufs (Canada, Argentine, Australie) comme le modèle adapté à une vision de l'animal comme ressource ou rente. Loin des proximités culturelles apportées par une domestication qui a duré des millénaires en Eurasie.

Le scénario est toujours le même : on enferme les espèces animales qui ne se laissent pas dépérir lorsqu'ils sont confinés (les oies, les migrateurs, les antilopes, les félins ne supportent pas l'enfermement). On programme une alimentation pour leur soutirer le maximum de richesses (lait, viande, cuir, laine, et divers sous-produits) en un minimum de temps. En mer, sur les littoraux dans des parcs adaptés, sur terre, ils sont enfermés par centaines, milliers, voire dizaines de milliers dans des conditions qui révulsent les défenseurs de la condition animale. L'éthologie cognitive a fait de tels progrès que les militants souhaitent l'abandon de ces pratiques d'élevage provoquant souffrance des bêtes, menaces sur les petites exploitations paysannes, ruine de la biodiversité, risques sanitaires, usages

2- G. Fumey, *Manger local, manger global. Pour une alimentation géographique*, CNRS-Éditions, 2009.

d'antibiotiques, impacts sur les sols et l'eau, etc. Les associations comme L214 (le sigle rappelle l'article du Code rural selon lequel « tout animal étant un être sensible doit être placé par son propriétaire dans des conditions compatibles avec les impératifs biologiques de son espèce ») et les mouvements végans luttent activement contre ce modèle intensif d'élevage.

En France, des dizaines de projets de fermes-usines pour les veaux, les agneaux, les vaches, les porcs et les volailles voient le jour alors que les crises menacent ce modèle. En Chine, pays de longue tradition agronomique, l'élevage industriel a pu s'implanter comme en « terra incognita », les Chinois n'ayant pas, en dehors du cochon et des volailles domestiques, de tradition d'élevage bovin. Le pire exemple vient d'Arabie saoudite où la firme Almarai, propriété du prince sultan bin Mohamed bin Saoud Al Kabeer, enferme près de 94 000 vaches Prim'Holstein produisant plus de 40 litres par jour. En plein désert, les vaches ne connaissent pas les pâturages, sont en stabulation permanente, sont traites quatre fois par jour. Les aliments du bétail (foin, tourteaux de soja, d'orge, de maïs) sont achetés à l'étranger et aussi produits sur place sur des milliers d'hectares dans le Hedjaz à plusieurs centaines de kilomètres du site nécessitant 20 000 rotations de camion par an. Les coûts en intrants sont considérables (11 000 tonnes d'engrais). Les 22 500 hectares sont irrigués par pivot avec 430 millions de mètres cubes d'eau non renouvelable provenant d'aquifères situés à 1 800 mètres de profondeur (350 litres d'eau nécessaires pour produire un litre de lait au milieu des sables).

L'industrie dévorante de l'agroalimentaire

L'industrie agroalimentaire est une galaxie dans laquelle les acteurs sont très différents et n'ont pas le même rôle. Les plus impliqués dans les débats publics sont les transformateurs de matières premières, les fournisseurs de semences et de produits chimiques, les fabricants de boissons. On y inclut aussi la distribution, la restauration collective et la restauration commerciale qui constituent aussi des ensembles très intégrés. Elles ont une image ambivalente, à la fois positive chez certains consommateurs et hommes politiques qui leur savent gré de fournir des produits à bas prix, de maintenir de hauts niveaux d'emplois

(412 000 salariés dans 14 000 entreprises en France) mais, en même temps, négative chez les fournisseurs souvent étranglés ou les mangeurs qui rechignent sur la médiocre qualité gustative et organoleptique. Peu connues sont les grandes entreprises de production agricole, souvent de forme coopérative comme par exemple en France, Terrena et Coopagri Bretagne (à elles deux,

Les leaders de l'agroalimentaire

Dans les classements mondiaux, les leaders dans les engrais et pesticides sont DuPont Pioneer et Monsanto (devant être racheté par Bayer en 2018).

Pour les céréales et la nourriture animale, Archer Daniels Midland et Cargill sont en tête. Bunge est le leader du soja mais bien présent dans les intrants.

Dole est le leader des compagnies fruitières, Chiquita spécialisée dans les bananes (le fruit le plus vendu dans le monde).

Tyson Foods est spécialisé dans le poulet, Smithfield Foods dans la viande de porcs, les Français Lactalis, Danone, Bel et Bongrain dans les produits laitiers.

Nestlé est la plus grande firme mondiale d'aliments et de boissons (76 milliards d'euros de chiffre d'affaires en 2016[1]).

Kraft Foods est leader aux États-Unis, Unilever très connu pour ses marques grand public de confiseries et céréales, entre autres, Mars et sa spécialisation sur le chocolat. L'Italie possède Ferrero et Barilla, la France Danone et Lactalis.

Quant aux distributeurs, Sysco Corp., Wal-Mart (dont la valeur des ventes dépasse le budget de la France) sont en tête aux États-Unis. En Europe, Carrefour a été sur le podium avant de redescendre… Dans les boissons, le secteur a vu le premier mondial InBev (belgo-brésilien) absorber le premier Américain, Anheuser-Bush, devenir AB InBev, à nouveau tenté de grossir au Mexique en achetant en 2012 Grupo Modelo et sa mythique Corona.

Toutes ces firmes sont peu présentes en Afrique où les marchés domestiques sont longs à devenir solvables, davantage en Amérique latine, et produisent pour toutes les métropoles du monde, pays en développement compris.

1- Équivalent aux PIB de la Nouvelle-Zélande, de l'Égypte ou de l'Ukraine.

un chiffre d'affaires annuel de 4,5 milliards d'euros). Elles sont beaucoup plus petites qu'aux États-Unis ou en Chine, où de très grandes entreprises comme le groupe du Xinjiang, Chalkis (2,3 millions salariés cultivant 1,5 million d'hectares), ont pu se faire connaître jusqu'en France par le rachat de la société provençale Le Cabanon[3].

Les agro-fournisseurs sont très concentrés et quelques firmes se partagent ce marché. La majorité des semenciers est issue de la chimie qui est, elle-même, un secteur très dynamique où l'Europe possède les trois leaders mondiaux[4]. Les brevets sur certaines semences, les pesticides et les engrais, sont la propriété de quelques sociétés (Dow Chemical, Monsanto, Mosaic) et leurs profits faramineux incitent la FAO à réfléchir sur les règles de la propriété intellectuelle. Dans le chaînon suivant, les transformateurs sont très gros, notamment Cargill (124 000 personnes) qui est aussi exportateur et Louis-Dreyfus présent sur une dizaine de marchés (sucre, café, cacao, énergie, télécoms et immobilier). Trois firmes du soja contrôlent plus des trois quarts du marché mondial.

Dans la distribution, les enjeux sont considérables car si l'alimentaire n'est qu'un petit maillon de toute la distribution, il nécessite des achats réguliers, voire fréquents. La guerre des prix est tout aussi féroce avec les fournisseurs. La tendance est toujours aux regroupements de centrales d'achats pour peser sur les prix obtenus des industriels et des fournisseurs. Derrière le numéro 1 européen EMD, Copernic est né en 2006 du rapprochement de Leclerc avec le Belge Colyrut, l'Italien Conad, le Suisse Coop et l'Allemand Rewe pour obtenir des industriels des tarifs européens uniques et l'ouverture de marchés régionaux dans certains produits de qualité. Entre Carrefour, ses concurrents et ses partenaires, d'autres associations se sont formées pour créer des enchères inversées sur Global Net Xchange qui calcule le niveau des offres les moins chères après un appel

3- Le Cabanon est spécialisé dans les produits dérivés de tomates et transforme la production de 2000 agriculteurs provençaux.

4- Deux Allemands, Bayer et BASF, un Suisse, Syngenta, talonnés par trois Américains, Dow, Monsanto et DuPont. Une idée de leur profitabilité : les bénéfices de Syngenta ont pu augmenter de 48% sur un an. Syngenta, Bayer et DuPont emploient ensemble 170 000 personnes dans 90 pays à la fin de la décennie 2000-2010.

d'offres mondial. Mêmes pratiques sur les réseaux concurrents avec d'autres partenaires sur WorldWide Retail Exchange, les deux places ayant fusionné au milieu des années 2000 pour presser davantage leurs 8 000 fournisseurs et imposer des standards d'échelle mondiale pour certains produits. Selon elles, ce serait 45 % de la grande distribution mondiale qu'elles contrôleraient. Quels contre-pouvoirs existent contre ces firmes, si ce n'est des documentaires à charge qui alertent l'opinion comme l'illustre l'affaire Monsanto[5] et font du tort à toutes les filières ?

Ces pratiques de concentration existent à toutes les échelles et dans tous les secteurs. En 2008, le leader français du porc, l'industriel Madrange s'est trouvé face au Danois Danish Crown et la firme américaine Smithfield qui avait acquis des marques connues du grand public en France, Aoste, Justin Bridou et Cochonou. Le Haut Conseil de la coopération agricole, issu de la loi de 2006, pèse pour faire éclore un ou des champions nationaux de la filière à l'occasion de la vente de Madrange. Soixante-treize organisations de producteurs, c'est trop. Production de viande, abattage, découpe, charcuterie risquent de passer sous les marques étrangères qui s'approvisionneront en viande ailleurs qu'en France, c'est-à-dire en Amérique du Nord ou du Sud. Là où il y a le risque d'une perte de la maîtrise de la qualité, il faut concentrer, telle est la vulgate du moment.

Les enjeux géopolitiques sont essentiels lorsqu'on sait que certains produits français – les boissons ou les fromages –, sont très largement exportés. Le cognac est consommé à plus de 90 % de ses volumes hors de France, ce qui le vulnérabilise en cas de crise politique. Mais là n'est pas l'essentiel, il y a bien plus. Les limitations aux échanges sur les viandes entre les États-Unis et l'Europe pour des raisons sanitaires sont anciennes et font partie de ces pratiques plus ou moins opaques de protection des marchés avec des motifs sanitaires non partagés. Les dommages sont bien plus graves pour les filières.

5- Voir l'enquête de M.-M. Robin, *Le monde selon Monsanto*, La Découverte, 2007 (et film) et le film *We feed the world ! Le marché de la faim* d'E. Wagenhofer (2007).

L'industrie très près des mangeurs

Mais l'industrie est encore plus près des mangeurs sous d'autres formes. D'abord, en guidant les pratiques culinaires des mangeurs par l'électroménager qui formate des manières de préparer l'alimentation : les chaînes du froid (réfrigération) et de l'hyper-froid (congélation) au domicile couplées aux technologies du micro-ondes ont contribué à installer l'alimentation industrielle déjà présente avec le sous-vide, les produits passés par la dessiccation, la lyophilisation et, plus généralement, la conserverie depuis plus d'un siècle et demi. Jean-Claude Kaufmann[6] a montré comment en Europe le froid domestique introduit des ruptures dans les repas dont les prises s'individualisent avec les enfants ou les personnes âgées rompant la commensalité. Aux États-Unis et, de plus en plus dans les pays riches, pour l'alimentation de routine, quotidienne, la cuisine se limite à des opérations d'assemblage (salades prêtes, produits précuits) et la paire de ciseaux pour les emballages a remplacé le couteau tranchant comme outil principal.

Ces pratiques d'assemblage se sont installées à des degrés divers dans la restauration collective, et elles se généralisent dans la restauration commerciale (restaurants tenus par des grands groupes ou des petites sociétés familiales). Elles se sont banalisées dans la restauration rapide. En France, la société de conseil NPD Group[7] partage en cinq types la restauration hors domicile : la restauration avec service à table (cafés, bars et brasseries, restauration à thème et non thématique, cafétérias), la restauration rapide (*fast-foods*, vente à emportée ou livrée, sandwicheries, boulangeries, traiteurs, grandes et moyennes surfaces), la restauration dans les transports et lieux de loisirs (musées, parc d'attractions...), la restauration collective (entreprises, collectivités publiques de l'Éducation nationale, la santé, la justice) et la distribution automatique. Ce secteur est en pleine croissance du fait de la dissociation entre le lieu de travail (ou d'études) et la résidence, et parce que l'offre et les pratiques se sont considéra-

6- *Casseroles, amour et crises. Ce que cuisiner veut dire*, Armand Colin, 2005.
7- *Néorestauration*, n° 457, octobre 2008.

blement diversifiées[8]. L'offre se renouvelle dans les gares, les rues marchandes, les quartiers d'affaires, les centres commerciaux mais aussi « en solo », c'est-à-dire en des lieux isolés mais accessibles en voiture et équipés d'un parking. Elle se renouvelle avec le boom des livraisons à domicile ou sur le lieu de travail. Elle est le fait de pionniers qui s'installent sur des créneaux de produits « thématiques » comme les soupes, les tartes, la croissanterie, la viande rouge mais aussi avec des messages comme le bio, l'ethnique, l'équitable, et dont une part des messages et des pratiques sont reprises par les groupes industriels.

Tout est bon pour donner du sens à ces prises alimentaires par lesquelles les mangeurs vont à la rencontre du monde[9]. L'offre est surtout le résultat d'une intégration des établissements sous forme de chaînes[10] qui diffusent des manières de manger rapides (pizza, viande sur grill, les deux segments de prédilection des chaînes). La prise de conscience d'une alimentation ayant perdu son message dans la chaîne industrielle en dit long sur la cassure qui s'est opérée entre les producteurs et les mangeurs. Le lien a, certes, toujours été faible et aléatoire dans les civilisations marchandes, encore qu'il ait très bien fonctionné pour la pâtisserie, le vin, les boissons tropicales (thé, café, chocolat). Mais il tenait lieu de sens pour l'alimentation de base dans les civilisations rurales ou faiblement urbanisées où l'attachement à la terre fait partie de la culture. Que les anthropologues insistent pour réenchanter l'alimentation[11] témoigne de cette perte de sens.

8- F. Barthe-Deloizy (dir.), *Le Pique-nique ou l'éloge d'un bonheur ordinaire*, Bréal, 2008.

9- 2007, « Éthique, équitable, solidaire et durable : l'alimentation en tous sens », revue *Gusto*, Éditions Asa, septembre (traduit en anglais dans la même revue).

10- Attention, la restauration « traditionnelle » pèse encore en chiffres d'affaire trois fois plus que la restauration rapide en France, soit plus de 25 milliards d'euros, mais elle est en recul (mai 2008, Source : BRA Tendances Restauration). Toutefois, les établissements familiaux comme les restaurants chinois, en forte progression, n'apparaissent pas toujours dans les statistiques.

11- C. Fischler, E. Masson, *Manger. Français, Européens et Américains face à l'alimentation*, Odile Jacob, 2007.

L'industrie soluble dans les boissons

Très présentes dans le secteur industriel, les boissons peuvent être regroupées entre celles qui sont issues de chaînes de fabrication industrielle et d'embouteillage standardisé et celles qui tiennent encore de formes d'artisanat exprimant des cultures locales. Ces cultures exploitent une différence marquée par un caractère unique offert par un périmètre géographique inaliénable qui devient la marque du produit.

Les boissons industrielles sont nées à la fin du XIXe siècle de la capacité de l'industrie chimique à manier des levures dans la bière et à produire des dopants synthétisant des plantes comme la noix de kola en Europe et aux États-Unis. En même temps, elles ont standardisé la production et rationalisé la distribution à l'instar des brasseurs qui offraient de la bière dans des établissements attenants à l'atelier, justement appelés brasseries. La prohibition des années 1920 a enrichi les producteurs de sodas qui ont repris des recettes de la pharmacopée ancienne, puis se sont diversifiés dans les jus de fruit et les alcools géographiques (vodka, tequila, ouzo, cognac, marc, etc.). Des enquêtes à charge sur les méthodes de certaines firmes comme Coca Cola témoignent d'une guerre industrielle et commerciale constante pour imposer ces produits, en bataillant avec les dirigeants politiques et les associations de consommateurs dans le monde entier[1]. Dans le secteur des boissons chaudes comme le café, l'industrie s'est imposée dans tous les maillons de la chaîne, y compris, plus récemment la distribution : la firme Starbucks, créée en 1971 (15 000 établissements dans le monde en 2018), *success story* américaine oscille entre les phases euphoriques et difficiles et ce n'est pas seulement parce que le prix des matières premières augmente[2].

Le secteur des vins, traditionnellement paysan, s'est industrialisé dans des régions de forte spécialisation où une classe capitaliste a pu accroître ses parts de marché par diversification de produits (négoce du Bordelais, de Porto) ou offres originales nécessitant beaucoup de capitaux pour la fabrication du vin (Champagne, Tokay). Dans le Nouveau Monde, une part non négligeable des

1- W. Reymond, *Coca Cola, l'enquête interdite*, Flammarion, 2007.

2- Voir la cartographie des boissons dans G. Fumey, *Atlas de l'alimentation*, CNRS-Éditions, 2018.

vignobles a été pensé comme un investissement, autrement dit sans lien avec une culture paysanne. L'industrie a fait le reste, « rationalisé » jusqu'à l'extrême et bâti de grandes structures exportatrices à la conquête des marchés nouveaux, comme l'Asie de l'Est. Les grandes firmes sont américaines (Constellation Brands, E&J Gallo), australienne (Foster's Group) et françaises (LVMH, Castel, Pernod Ricard)

Les crises sanitaires alimentaires ont des effets de long terme, car elles sapent la confiance que font les mangeurs aux filières industrielles. Le marketing tente de gommer cette image médiocre : il répète jusqu'à l'usure, avec le relais des médecins et nutritionnistes qu'« on a jamais mieux mangé qu'aujourd'hui », faisant le lien entre la qualité et l'allongement de l'espérance de vie. Une approche trompeuse car l'approche purement statistique ne dit rien de l'état physique dans lequel on termine sa vie dans les pays riches (les dix dernières années, dans la dépendance, pour les femmes ayant dépassé l'espérance de vie de 82 ans en France) et, surtout, le rôle considérable qu'a joué la médecine dans cette progression du vieillissement. On passera par la case judiciaire pour constater l'encombrement des tribunaux dans le monde entier par des plaintes liées à l'exposition à des maladies « accidentelles » comme l'ESB en Europe ou le lait contaminé à la mélamine[12] en Chine. La confiance rompue entache l'image que les consommateurs ont de l'industrie agroalimentaire, coupable de mensonges comme en alimente la chronique régulière des mouvements consuméristes[13]. La puissance des lobbies est régulièrement dénoncée dans les contre-offensives menées par les firmes sur les interdictions ou limitations comme l'industrie sucrière ou celle des corps gras qui doit renoncer progressivement à l'usage l'huile de palme.

12- Ainsi apprend-on, en septembre 2008 que le géant néo-zélandais Fonterra savait depuis août que son partenaire chinois Sanlu vendait du lait maternisé contaminé, à l'origine d'un décès et ayant rendu malade des centaines de bébés en Chine et qu'il l'avait pressé de rappeler ses produits.

13- *60 millions de consommateurs en France*, et de multiples journaux de la même veine dans tous les pays.

2017 : les réalités de l'élevage industriel avicole et la crise des œufs au fipronil

Dans les élevages industriels, les poules sont envoyées à l'abattoir tous les dix-huit mois après avoir pondu, en moyenne, 450 œufs, soit deux fois plus qu'il y a cinquante ans. Un mouvement est né sur Facebook « Sauver une poule de réforme » pour encourager les particuliers à adopter ces animaux. Leur prix dérisoire (environ 2,50 euros) ne cache pas l'état physique délabré des animaux pour lesquels on conseille de consulter les fiches sur les « troubles du comportement » avant l'adoption…

Pendant leur vie en cage pour 69 % d'entre elles ou en milieu confiné, les poules reçoivent régulièrement des antiparasitaires pour lutter contre les poux rouges. La promiscuité rendant agressifs les animaux, ils sont épointés à l'âge de 10 jours, (bec coupé avec une lame chauffante ou par infrarouge sans anesthésie). Pour stimuler la ponte, le poulailler est souvent éclairé 24 heures d'affilée, puis plongé 8 heures dans une semi-obscurité. À l'abattage, 10 % des animaux ont une chair invendable aux particuliers, mais recyclée en VSM (viande séparée mécaniquement) pour un minerai protéiné qui sert à fabriquer des bouillons cubes et farcir des plats industriels (raviolis, merguez de poulet). Les 30 autres millions de carcasses (par an, en France) sont congelées et expédiées en Afrique où les habitants l'appellent « poulet morgue » qui, entre autres, tue les petits éleveurs locaux.

Dans l'été 2017, du fipronil (un insecticide détecté par hasard dans plusieurs tonnes de blancs et jaunes d'œuf, « peu toxique » selon l'Agence nationale de sécurité sanitaire de l'alimentation mais interdit par la loi dans les élevages) a été repéré par un laboratoire allemand dans une usine de transformation d'œufs en Belgique. Les autorités belges ont évalué l'ampleur de la contamination à des millions d'œufs dans 16 pays européens, voire au-delà (Hong Kong). En France, 200 tonnes d'ovoproduits auraient été contaminées.

Le responsable? Un pou rouge de 0,7 mm, *Dermanyssus gallinae*, résistant aux acaricides. La firme néerlandaise, ChickFriend, a concocté un antiparasite conenant du fipronil (BASF) interdit car accusé de nuire aux abeilles. Mélangé à un désinfectant composé d'eucalyptus et de menthol, le fipronil a contaminé aussi la filière bio. Les distributeurs (comme Leader Price) ont juré la main sur le cœur avoir retiré les boîtes Bio, à la demande des pouvoirs publics (en réalité, 20 %).

L'industrie agroalimentaire est très friande d'ovoproduits : rubans d'œufs au mètre, blancs et jaunes en poudre ou conditionnés sous forme liquide, frais ou congelés pour les fabricants de glace, de pâtisseries, mayonnaises industrielles. Le blanc d'œuf est utilisé dans les caves pour assouplir les tanins des vins rouges, le jaune pour les croissants. Le leader mondial des ovoproduits, Igreca, transforme 1,5 milliard d'œufs chaque année pour la brioche industrielle. Il est très difficile de remonter la piste des œufs frelatés. De quoi inquiéter les consommateurs désormais informés que sur les 15 milliards d'œufs avalés en 2016 en France, seuls 677 avaient été contrôlés, selon la Direction générale de l'alimentation (DGAL).

On peut interpréter la montée en puissance des allégations santé comme un remède à la perte d'anciens repères du fait d'une méfiance accrue sur les pratiques industrielles. L'Inserm a publié en 2008[14] une expertise contredisant les travaux de l'Académie de médecine sur les effets cancérogènes des polluants dispersés dans la nature[15], entre autres les pesticides dont le rôle est évoqué dans huit des neuf cancers étudiés. Le président de la République d'alors, Jacques Chirac, avait commandé des études sur le cancer qui n'ont pas été diffusées dans le grand public. S'étonnera-t-on de lire[16] que sur trente familles du monde qui ont fait l'objet d'enquêtes approfondies, celles qui craignent le plus pour leur santé et manifestent beaucoup d'angoisse à se nourrir sont les familles allemandes et États-Uniennes, précisément celles qui achètent presque toute leur alimentation dans la grande distribution intégrée vantant ses qualités sanitaires ? En même temps, ce sont ces mangeurs qui réclament les meilleurs produits à l'aspect visuel impeccable exigeant précisément plus de traitements chimiques que ce qui pourrait leur être présenté sur un marché paysan. Donc, une demande forte de garanties qui ne peuvent être totalement satisfaites dans tous les sec-

14- www.inserm.fr

15- Notamment les cancers du poumon, des maladies du sang, des tumeurs cérébrales, des cancers du sein, de l'ovaire, des testicules, de la prostate et de la thyroïde.

16- *Hungry Planet, What the World Eats*, Material World Book and Ten Speed Press, 2005 et G. Fumey, *Le Monde à table*, Géo, novembre 2005.

teurs. Car l'industrie sait exploiter des créneaux à merveille et y tenir des places de choix : dans la biscuiterie et le chocolat, par exemple, où depuis deux siècles, elle entretient des marques de qualité. Néanmoins, leur ralliement sous la bannière des trois géants, Kraft Foods, United Biscuits et Bahlsen[17], n'est pas fait pour rassurer : l'industrialisation à outrance de certains produits chocolatés comme ceux de la firme Lindt pour ne citer qu'elle, montre que les lignes jaunes sont vite franchies.

L'autre culture alimentaire : celle issue du monde paysan

C'est une culture majoritaire dans le monde. Un être humain sur deux vit encore dans une famille paysanne en 2012. Il n'y a

Open Food Facts : quand les mangeurs se rebiffent

En France, l'Association nationale des industries agroalimentaires (ANIA) a refusé l'idée d'un code couleur nutritionnel conçu dès 2014 par l'épidémiologiste Serge Hercberg, président du Plan national nutrition santé (PNNS), et préconisé par le Haut conseil de la santé publique (HCSP). Le NutriScore a vu le jour en 2017 mais l'industrie a obtenu de le rendre facultatif. Les six géants du secteur (Coca-Cola, Nestlé, Mars, Mondelez, PepsiCo et Unilever) ont conçu leur propre logo pour semer la confusion chez les consommateurs.

Une initiative citoyenne, Open Food Facts, a permis de monter une encyclopédie collaborative gratuite décryptant les étiquettes. 7 000 contributeurs volontaires (en 2018) permettent ainsi de savoir à quoi correspond tel additif. 420 000 produits ont été scannés. L'initiateur, Stéphane Gigandet plaide pour que les quantités de sel, de graisses saturées, de sucres, d'additifs, l'origine du produit, le lieu de transformation soient connus des acheteurs.

Open Food Facts est à l'origine de multiples applications spécialisées : « Y a-t-il du gluten ? », « Moins de sel », « No Palm », « Combien de calories ». Où se loge la géopolitique…

17- J.-P. Géné, *Le Monde2*, 27 septembre 2008.

jamais eu autant de paysans dans le monde qu'aujourd'hui[18]. Et pourtant, ils sont de moins en moins visibles et écoutés et la très grande majorité vit dans les pays en développement. Une part importante des produits agricoles pour l'alimentation n'est jamais prise en compte dans les statistiques parce qu'une part importante de l'agriculture n'a pas de comptabilité. Ce qui est vivrier apparaît dans le nombre de calories par jour. Mais ces moyennes ne disent rien des ruptures d'approvisionnement, des besoins variables selon les conditions de vie climatiques et de l'inégalité de la répartition entre les hommes et les femmes, les enfants et les personnes âgées d'une même famille dans les pays en développement. Dans les pays riches, les paysans n'ont encore pas tous disparu. Ils sont encore nombreux dans certaines régions viticoles qui nourrissent bien les vignerons, les ceintures maraîchères, certaines régions spécialisées dans les fruits et légumes et l'élevage de qualité. Les autres ont été absorbés par la sphère agro-industrielle, notamment de l'élevage. Les céréaliers des grands greniers de la planète[19] sont des agriculteurs, des investisseurs mais n'ont pas forcément de culture paysanne, celle qui entretient un lien étroit avec des lieux reçus d'un patrimoine.

La paysannerie a-t-elle un rôle dans une géopolitique alimentaire planétaire? Est-elle un groupe destiné à une production d'appoint ou, au contraire, peut-elle jouer un rôle déterminant dans l'alimentation de demain? Dans les pays industriels, la concentration des exploitations agricoles semble inéluctable parce que le modèle économique est favorable aux grosses structures (en France, les deux tiers des exploitations concentrent 93 % de la surface utilisée) que les candidats à la profession sont peu aidés par les politiques. Une « grande » exploitation, ce sont des dizaines d'hectares mais cela signifie aussi des charges auxquelles il faut faire face par une production intensive, régulière et rentable. Autrement dit, le productivisme. Il ne faut pas se voiler la face: l'alimentation garantie dans les supermarchés passe par ce modèle. Il reste néanmoins des niches où de

18- G. Bauret, G. Fumey, *Est-ce ainsi que les hommes vivent. La terre*, Chêne, 2006.

19- Très bien décrits dans les thèses de J.-P. Charvet, *Les Greniers du monde*, Economica, 1999, et G. Dorel, *Agriculture et grandes entreprises*, Economica, 1999.

petits exploitants peuvent tirer leur épingle du jeu : vignobles de qualité, maraîchage, élevages extensifs fournissant des produits à forte valeur ajoutée. Ces pionniers réorientent une part de la production vers une consommation hédoniste, appartenant à une nouvelle culture alimentaire en vogue, celle des loisirs, associée aux déplacements ou aux pratiques sociales du week-end. Ils « réenchantent » l'alimentation dans la grande distribution tentée de jouer sur les fibres du terroir, de l'« authenticité » que les désignations géographiques rendent plus palpables.

Dans les pays en développement, les paysans sont dans une nasse géopolitique autrement plus défavorable. La majorité des paysans du monde, ceux qui sont en Asie du Sud et de l'Est, dans de vieilles civilisations agraires, ne souffrent pas trop des conflits fonciers, les systèmes de propriété ne poussant pas à capitaliser une terre souvent très contrôlée. Le bilan foncier est autrement plus difficile en Afrique et, surtout, en Amérique latine et aux Antilles où les valeurs accordées à la possession de la terre sont issues d'un héritage hispanique lourd[20]. La ségrégation à l'origine du *latifundium* romain n'a jamais totalement disparu et le mode d'appropriation de la terre y est souvent violent. Les réformes agraires menées depuis deux siècles ne sont jamais venues à bout du système latifundiaire car les hommes politiques sont souvent des grands propriétaires qui se protègent par des lois qui leur sont favorables. La gestion politique actuelle de ce dossier au Brésil par des présidents issus de milieux modestes voire pauvres ne laisse pas espérer de changement, sinon à la marge : au début des années 2010, de grandes firmes États-Uniennes défrichent encore en toute liberté en Amazonie où les règlements de compte entre paysans et hommes d'affaires se soldent parfois par des assassinats. En Afrique subsaharienne, les conflits guerriers depuis plus d'un millénaire couplés aux calamités climatiques ont construit un modèle d'accès aux terres très inégalitaire. La terre qui intéresse des investisseurs est surveillée par des

20- Héritage de l'Empire romain qui récompensait ses chefs militaires par des réserves foncières, la géographie inégalitaire de la terre en Europe du Sud (*latifundia*) s'est transposée en Amérique latine où les colons prestigieux ont été de grands propriétaires terriens. Les *ranches* sont issus de cette culture-là.

groupes de filiation (lignages, clans, tribus), des autorités locales, des ménages ou des individus sur la base du droit coutumier, alors que, dans la pratique, les règles de tenure foncière ont connu de nombreuses transformations à travers les interactions culturelles, l'augmentation démographique et les changements socio-économiques et politiques qui se sont opérés au cours de l'histoire[21]. La vision occidentale du foncier, associant systématiquement sécurité et propriété privée, reste inadéquate dans les situations de « marchandisation imparfaite de la terre » en Afrique. Quoi qu'il en soit, le dogme de la propriété privée tend à vouloir s'imposer par les pressions externes qui s'exercent sur les États africains. À partir du début des années 1990, les politiques économiques plus libérales, impulsées par les plans d'ajustement structurel, ont contribué à la révision des législations sur la terre et sur les ressources naturelles dans plusieurs pays.

Ajouté aux politiques structurelles imposées par les organisations internationales[22], le problème de ces paysanneries démunies a été souvent vu comme un manque de moyens techniques, justifiant les aides extérieures, y compris l'urgence humanitaire. En réalité, ces paysanneries – comme celles des pays riches, avec d'autres modalités –, ont surtout souffert du mépris. L'agronome Louis Malassis[23] a écrit la saga de ces millions d'êtres humains qui furent peu aidés dans leur combat contre la pauvreté et ne le sont toujours pas aujourd'hui.

La reconnaissance tardive par la FAO et les organisations internationales de leur rôle indispensable pour régler la crise de 2008 a un parfum scandaleux. Faut-il accepter aussi facilement les *mea culpa* de toute une classe d'« ingénieurs » éblouis par la technologie, voire des hommes politiques n'ayant pas vu que les premiers techniciens de l'agriculture étaient ceux qui la pratiquaient ? Ceux qui promouvaient en Europe une agriculture propre, vivrière et biologique ont-ils été assez

21- P. Vallières, « Investissements agricoles étrangers et enjeux fonciers en Afrique subsaharienne », Revue *Possibles*, avril 2012.

22- Voir chapitre précédent.

23- *L'Épopée inachevée des paysans du monde*, Fayard, 2004.

entendus avant qu'on ne constate que les « modèles » agricoles[24] furent des impasses dont il faut rectifier le tir par des « Grenelle de l'environnement » et autres sommets agricoles ? Les cartes des pollutions ne parlaient-elles pas d'elles-mêmes, il y a déjà plusieurs décennies[25] ? L'agronome Philippe Desbrosses, de l'association Intelligence verte[26], rappelle que « nous sommes dans des agricultures pétrolières où cette source d'énergie a tout déterminé. [...] Les molécules chimiques ont remplacé les paysans. Il faut les faire revenir dans les champs. » Il exprime ce que de trop peu nombreux scientifiques ont pensé sans être entendus.

Car la petite exploitation a sa place dans l'agriculture d'aujourd'hui. Au Sud, elle est vitale, couplée avec une aide sur le terrain et le microcrédit. Pour les migrants attirés par les mirages de la ville ou chassés par la misère rurale, elle est la porte de survie. Au Nord, elle est indispensable pour explorer, selon Marc Dufumier, successeur de René Dumont et de Marcel Maozoyer à la chaire d'agriculture comparée et de développement agricole à AgroParisTech, une « économie agricole à haute performance environnementale[27] ». Et dans l'alimentation, à l'autre bout de la chaîne, les produits paysans rétablissent un lien symbolique nécessaire. Si nous sommes ce que nous mangeons, nous ne pouvons pas ignorer le sens de ce fil que l'industrie ne parvient pas à tisser.

Faut-il, pour autant, opposer paysans et industriels comme David et Goliath ? L'alimentation moderne est issue des deux cultures, mais l'une est plus conquérante et destructrice que l'autre. Dans la géopolitique alimentaire mondiale, les uns et les autres ne jouent pas sur le même terrain. La crise de 2008 a réin-

24- Voir la thèse très instructive du géographe breton, C. Canévet, *Le Modèle agricole breton. Histoire et géographie d'une révolution agro-alimentaire*, Presses universitaires de Rennes, 1993.

25- Et n'est-ce pas trop tard de lire en 2008 : « La chimie est allée trop loin » dans B. Parmentier, *Nourrir l'humanité*, La Découverte, 2007.

26- www.intelligenceverte.org. Ce chapitre s'inspire essentiellement de ce rapport capital pour comprendre la prise de conscience en train de s'opérer dans les grandes organisations internationales.

27- M. Dufumier, *Agricultures africaines et marché mondial*, Fondation Gabriel Péri, 2007 ; *Famine au sud, malbouffe au nord*, Nil, 2012.

troduit un certain nombre de certitudes : contre la faim et pour la qualité, l'agriculture paysanne est le meilleur pari.

Les graines géopolitiques des semences agricoles

Une féroce bataille est menée entre certains paysans et le monde industriel des semences en France. Jadis, jusqu'au milieu du XXe siècle, les paysans produisaient leurs semences. Ce qu'on appelait la sélection massale impliquait d'être attentif à la taille, la forme, la couleur des caractères phénotypiques de la plante, ses propriétés visibles. Sous le régime de Vichy, les semences, dans un contexte de pénurie alimentaire, furent contrôlées, voire réquisitionnées par l'Allemagne. Vichy crée alors le Groupement national interprofessionnel des semences (GNIS) en 1941 et le Comité technique permanent de la sélection (CTPS) l'année suivante pour encadrer la production des semences. Ils imposent le principe de la fixité, c'est-à-dire la renonciation à la sélection massale au profit des variétés lignée-pure ayant fait l'objet de croisements génétiques donnant des propriétés fixes.

La pénurie s'aggravant après la guerre, le gouvernement du général de Gaulle et l'Institut national de la recherche agronomique (Inra) « améliorent » les plantes pour assurer la sécurité alimentaire. Ce dirigisme conduit à la disparition des variétés autochtones : 380 dans les années 1930, 60 dans les années 1960... Les semences furent perçues comme géopolitiques, toute variation désorganisait la filière agroalimentaire. L'homogénéité était perçue comme allant de pair avec la mécanisation. Cet engrenage fut fatal à la biodiversité. L'Inra s'est désengagée de la sélection variétale, Euralis et Limagrain préemptèrent l'industrie semencière, le vivant est en cours de brevetage. La liberté qui créé l'émulation scientifique disparaît. L'Union française des semenciers (UFS) reconnue comme interlocuteur légitime, garde la possibilité d'approvisionner les adhérents des coopératives en semences.

Aujourd'hui, les écosystèmes sont devenus très vulnérables, car monovariétaux et monospécifiques. La moindre anomalie climatique ou attaque de nuisible touche des milliers d'hectares. « Protéger les plantes », c'est avoir à sa disposition des pesticides, herbicides et fongicides qui fragilisent encore plus la nature dans les régions de grandes cultures.

Car selon le STAFF (syndicat des trieurs à façon), près de la moitié des semences utilisées en France sont des semences de ferme. En 2011, le ministère impose par la loi le paiement de royalties aux semenciers industriels sur les variétés de 21 semences de blé, orge, avoine, colza, pois…, ce que refusent deux syndicats paysans, la Coordination rurale et la Confédération paysanne.

Un bras de fer qui devrait conduire à renforcer les titres de propriété de l'industrie semencière souhaitant un « certificat d'obtention végétale », plus souple que le brevet et permettant aux semenciers d'employer dans leur sélection une variété protégée pour en créer une nouvelle. Un précédent a été créé par un OGM de betterave aux États-Unis dont le prix a doublé en quelques années, le gain revenant pour plus de la moitié à Monsanto obtenant le brevet sur le gène. La justice européenne s'est prononcée contre les semences « libres » (arrêté de juillet 2012) au titre qu'il faut améliorer la productivité des cultures…

À quoi sert le bio ?

Avec près de 40 millions d'hectares cultivés dans le monde en bio certifié en 2010 et 51 millions en 2016, soit 1,5 % du territoire agricole des 180 pays enquêtés[1], ce mode de production agricole et cette qualité alimentaire ne sont plus marginaux. Car le bio revient de loin. Ceux qui ont défendu ses pratiques contre la doxa chimique ont dû être aguerris. Aujourd'hui, le monde reconnaît enfin que ces pratiques ouvrent une alternative au productivisme et que les 2,5 millions d'exploitations certifiées bio en 2016 peuvent apporter une pierre au débat actuel.

Mis en place en Europe, le bio a connu, pendant la première décennie 2000, des rythmes très forts de croissance en Asie, en Afrique et en Amérique latine[2] Depuis 2014, l'Europe et une très grande partie des pays agricoles connaissent des croissances à deux chiffres de leurs surfaces mais en 2016, 86 % des surfaces bio à l'échelle mondiale étaient cultivées dans vingt pays. La Chine fait partie des pays où les surfaces ont reculé depuis 2015 et le Bhoutan a l'objectif de le devenir à 100 % d'ici quelques années.

1- Source : Agence Bio, d'après FIBLIFOAM, 2011.
2- La cartographie de l'agriculture bio : *Atlas de l'alimentation, CNRS-Éditions, 2018.*

Pour l'instant, les deux-tiers des surfaces mondiales bio sont couverts de prairies. Le café est la principale culture pérenne bio au niveau mondial avec des surfaces en progression de près de 20 % par an, ce qui donne une tendance très forte poussée par la certification équitable des marchés riches du Nord de la planète. Pour le cacao, la progression (dans le même temps) est encore plus spectaculaire (+60 %) avec la même double certification.

Les consommations de bio ont quintuplé sur la première décennie 2000 et doublé jusqu'en 2015 et représentent un montant de plus de 47 milliards de dollars[3]. Les deux premiers marchés sont les États-Unis et l'Allemagne et, à l'échelle de l'Europe, la Suisse est le principal marché par habitant. Plus de 600 organismes certificateurs bio ont été recensés à l'échelle mondiale en 2016, dont six en France.

La question qui divise : le bio pour nourrir la planète ?

Longtemps, il était admis que le bio était juste une gâterie pour les pays riches et que les niveaux de productivité ne permettaient pas d'espérer nourrir la planète. Les plus cyniques parlaient de « retour à la bougie ». Pourtant, des agronomes comme Claude Aubert et, plus récemment, Marc Dufumier[4] offrent d'autres manières de penser. D'abord, ils plaident pour que les gouvernements des pays déficitaires en produites agricoles (dans le Sud) ne fassent pas le choix d'importer des céréales à bas prix des pays excédentaires du Nord. Car ce choix se retourne contre les acheteurs en cas d'accident climatique ou de hausse brutale des prix. C'est un jeu extrêmement dangereux.

Il faut partir des besoins alimentaires de l'homme : des calories, issues du sucre et de l'amidon, entre autres. Une énergie qui nous vient du soleil, une énergie – renouvelable – que la plante transforme en énergie alimentaire par le mécanisme de la photosynthèse. Plus on aide la photosynthèse des plantes, plus on peut fournir de calories. L'homme a besoin aussi de protéines et d'acides aminés, qu'on fabrique, notamment, avec de l'azote que les légumineuses sont capables de fixer. Autant de protéines végétales à partir de

3- *La Bio dans le monde*, Agence Bio, 2017.

4- C. Aubert, « Nourrir la planète avec l'agriculture biologique : mythe ou réalité », *Ecologie et politique*, n° 38 – 2009 et M. Dufumier, Famine au sud, malbouffe au nord. Comment le bio peut nous sauver, Nil, 2012.

l'azote de l'air qui peuvent limiter le recours aux engrais azotés de synthèse très coûteux en énergies fossiles et émetteurs d'un gaz à effet de serre, le protoxyde d'azote. Bien plus cruciale est la pénurie de phosphates qui s'annonce alors que les engrais phosphatés peuvent être remplacés par de la potasse, du calcium et le phosphore en sous-sol. Les arbres et les plantes avec leurs racines profondes vont chercher ces engrais minéraux pour nous. Mais cela suppose de repenser la place de l'arbre (et des haies) dans l'agriculture.

Augmentation de rendements en Afrique avec des techniques biologiques ou proches

Pays	Nombre de pays concernés	Nombre de projets analysés	Nombre total d'agriculteurs	Nombre total d'hectares	Augmentation de rendement moyenne
Tous les pays d'Afrique	24	114	1,9 million	2 millions	+ 116 %
Afrique orientale	7	71	1,6 milions	1,4 millions	+ 128 %

Source : UNEP-UNCTAD Organic agriculture and food security in Africa. UNEP-UNCTAD. Capacity building Task Forc

La réalité est que la volonté politique a longtemps fait défaut au Nord, qui cherche à brader ses excédents (le prix à payer pour la sécurité alimentaire des riches). Les agriculteurs du Sud sont exposés à cette vile concurrence entre des techniques archaïques (la faucille) et des pratiques mécanisées.

La réalité géopolitique du bio

Elle vient de cette violence commerciale organisée par l'OMC et acceptée au Nord au nom des bons sentiments qui fleurent le néo-colonialisme. Au nom de quoi le Nord s'est-il arrogé la responsabilité de nourrir le Sud ? L'argument des famines souvent organisées ne tient pas. Si l'aide humanitaire est une aide d'urgence, alors elle ne peut pas se substituer aux politiques agricoles locales. Les paysanneries du Sud ont tout à fait les moyens de produire davantage par elles-mêmes. À condition de les aider sur le plan technique et biotechnologique sans décider à leur place ce qu'elles doivent faire. La baisse des rendements de l'agriculture biologique au Nord ne se produit pas au Sud si on offre aux paysanneries locales la traction animale, les charrettes, le fumier, les plantules. L'agroécologie[5], prônée par certains agronomes et relayée par les Nations unies, est une nouvelle voie pour doubler la production alimentaire du Sud dans les dix prochaines années et une opportunité au Nord pour préserver l'environnement et défendre la qualité des aliments.

Car dans l'argument des coûts plus importants du bio, il y a une dimension cachée : le fait que certains consommateurs acceptent de payer leur alimentation au juste prix, ce qui est une bonne nouvelle. Elle signifie qu'une part des mangeurs sont prêts à consacrer un budget plus important à la mise en place de filières nouvelles. Elle place l'alimentation non pas seulement dans la sphère économique avec le prix comme déterminant numéro 1 mais dans un environnement culturel et scientifique où d'autres paramètres comme la justice sociale, le respect de l'environnement, la santé et les qualités organoleptiques sont essentiels. En cela, le bio est géopolitique.

5- Pour V. Ribier et M. Griffon (Cirad), l'agroécologie privilégie des modèles agricoles durables attentifs au respect de l'environnement, économiquement performants et socialement porteurs de développement et d'équité. Pour Pierre Rabhi (Terre et Humanisme, https://terre-humanisme.org), elle est plus cela. Elle est liée à une dimension profonde du respect de la vie et replace l'être humain dans sa responsabilité à l'égard du Vivant. Ayant pour objet la relation harmonieuse entre l'humain et la nature, elle est aussi une éthique de vie.

Chapitre VII
DE LA GÉOPOLITIQUE AU DROIT DE L'ALIMENTATION

Succédant au bouillant Genevois Jean Ziegler, le juriste belge Olivier De Schutter[1] a été nommé en 2008 rapporteur spécial sur le droit à l'alimentation. Lors de la dix-neuvième session du Conseil des droits de l'homme, il a présenté en décembre 2011 un rapport exhaustif et très commenté qui marque un tournant dans l'acceptation par les grandes organisations internationales d'une nouvelle vision de l'alimentation et de l'agriculture. Néanmoins, certains gouvernements comme le Canada, pointé dans le rapport comme « un pays où les inégalités augmentent, où les 10 % les plus riches ont 10 fois plus de richesses que les 10 % les plus pauvres » ont vivement réagi à ces constats sur l'insécurité alimentaire... dans un des pays les plus riches du monde. Pourtant, la démonstration est implacable et les associations locales sont en phase avec cette vision qui doit impulser de nouvelles orientations politiques dans ce pays.

Pour la première fois dans l'histoire de l'alimentation, une réflexion d'envergure mondiale a été menée sans tabous, autour d'un triple enjeu : mise en place de régimes alimentaires viables, phénomènes de dénutrition et surpoids/obésité.

Passer d'une augmentation de la production à des régimes alimentaires viables et durables.

Dans la deuxième moitié du XXe siècle, la faim et la malnutrition étaient pensées sous des formes quantitatives de mesure calorique. Les générations qui avaient connu les privations des guerres ont bâti des systèmes productivistes visant à réduire les prix des denrées alimentaires sans se soucier d'offrir des aliments variés avec des micronutriments nécessaires au développement des enfants et des adultes. À l'amont, la garantie de revenus

1- http://www.srfood.org/

décents pour les agriculteurs a été mal traitée par les politiques.

Aujourd'hui, les experts exigent des régimes alimentaires aux faibles conséquences pour l'environnement, assurant à la fois la sécurité alimentaire et une vie saine. « Les régimes alimentaires durables contribuent à protéger et à respecter la biodiversité et les écosystèmes, sont culturellement acceptables, économiquement équitables et accessibles, sûrs et sains sur le plan nutritif et permettent d'optimiser les ressources naturelles et humaines. »

La durabilité est l'objet d'une « feuille de route pour le renforcement de la nutrition » (SUN[2]) par les autorités nationales à la faveur d'approches transsectorielles. Elle s'inscrit dans les obligations définies par le droit international eu égard aux femmes, aux enfants, aux minorités, aux réfugiés, aux personnes déplacées et marginalisées. Cela implique que le Code international de commercialisation des substituts du lait maternel (1981) et les résolutions ultérieures de l'Assemblée mondiale de la santé soient appliqués, parce qu'on sait que les aliments complémentaires réduisent les risques d'obésité et de maladies non transmissibles plus tard dans la vie. Cela signifie aussi qu'il ne faut pas négliger les adolescents, les personnes âgées, les personnes seules. « Le droit à une alimentation suffisante qui inclut le droit à une nutrition satisfaisante est un droit universel garanti à tous », prévient le rapport. Enfin, Olivier De Schutter pointe les systèmes alimentaires inéquitables qui excluent les petits agriculteurs du fait d'une monoculture de certaines variétés au détriment de systèmes agricoles plus variés. Les problèmes de nutrition sont dus aux « violations des droits de la femme, aux inégalités entre les sexes et à la non-autonomisation des femmes[3] ». Il faut avoir en tête que des systèmes alimentaires bâtis sur des connaissances locales, telles les fermes familiales et les jardins communautaires réduisent les carences en micronutriments au Bangladesh, au Cambodge, au Népal, au

2- Source : http://www.unscn.org/en/scaling_up_nutrition_sun/

3- M. Walsh, « Women in food aid interventions : impacts and issues », *Time for Change : Food Aid and Development*, Rome, 2008.

Niger et en Afrique du Sud[4]. On citera une remarque cinglante du rapport final du colloque sur la biodiversité et les régimes alimentaires[5] : « Lorsque des écosystèmes permettent d'avoir des régimes alimentaires durables, les programmes, politiques et initiatives de nutrition appuyant le recours à des suppléments, des aliments thérapeutiques prêts à l'emploi, des fortifiants et du lait maternisé ne présentent aucun intérêt et peuvent contribuer à la malnutrition et... la commercialisation de ces substituts alimentaires et produits connexes peut favoriser des problèmes de santé publique. »

La dénutrition et les carences en micronutriments

Alors que les pays riches se gargarisent de n'avoir jamais « aussi bien mangé qu'aujourd'hui », les experts de l'ONU ont un tout autre avis. Le monde paie un prix exorbitant ses politiques productivistes qui ont laissé de côté la pauvreté dans les campagnes. À l'échelle mondiale, une personne sur sept souffre toujours de la faim. 34 % des enfants des pays en développement, soit 186 millions d'enfants n'ont pas la taille de leur âge. Quand bien même les prix des denrées alimentaires ont diminué continûment entre 1960 et 2002, en dehors d'une courte flambée en 1973-1974, les plus démunis sont toujours marginalisés. 100 millions d'enfants sont carencés en vitamine A et exposés, de ce fait, à la cécité et à une mortalité précoce. Plus de 4,5 milliards de personnes souffrent d'anémie ferriprive, ce qui gêne le développement cognitif, les fonctions immunitaires et expliquent sans doute les difficultés à l'école et la faible productivité des adultes. Les carences en iode vulnérabilisent les enfants tout au long de la vie. Et le manque de minéraux et vitamines influe sur le développement physique et mental des populations.

La « faim cachée » ou carence en micronutriments est désormais vue comme une violation du droit de l'enfant à un niveau de vie suffisant. C'est l'environnement et non la génétique qui

4- M. Faber, A.J.S. Benadé, « Integrated home-gardening and community based growth monitoring activities to alleviate vitamin A deficiency in a rural village in South Africa », *Food, Nutrition and Agriculture*, n° 32 – 2003.

5- Tenu à Rome, 3 au 5 novembre 2010, www.fao.org/ag/humannutrition/291866-021e012ff2db1b0eb6f6228e1d98c806a.pdf/

explique les différences de développement des enfants entre les régions du monde.

Des initiatives encourageantes ont été prises sous forme de programmes par l'UNICEF et l'OMS (programme REACH) en 2008. Surtout, les liens entre l'agriculture, les systèmes alimentaires et les nutriments ont été faits pour des investissements ciblés améliorant la nutrition maternelle et infantile pendant les mille premiers jours, amélioration qui peut changer l'avenir d'un enfant. L'Alliance mondiale pour une meilleure nutrition a noué des partenariats public-privé et donne accès aux micronutriments à près de 400 millions de personnes.

Les Français, champions d'une espérance de vie « en mauvaise santé »

Avec une espérance de vie des femmes qui est la plus longue de l'Union européenne, soit 85,3 ans en 2011, la France n'offre pas une situation si brillante si l'on parle d'« espérance de vie en bonne santé ». Là, la France avec 63,5 ans arrive en dixième position[1]. Une enquête (avril 2012) sur « l'espérance de vie sans incapacité » a été menée pour évaluer les budgets de la santé et de la dépendance. La Suède et l'Europe du Nord en général ont amélioré la bonne santé des personnes âgées grâce à la prévention. L'écart est de dix ans pour les hommes entre la Suède (71,7 ans) et la France (61,9 ans) pour une espérance de vie globale de 78,2 ans. Pire, cette espérance de vie en bonne santé baisse ! Du fait d'une hausse de l'invalidité chez les moins de 65 ans. Là, ce sont les conditions de travail qui seraient incriminées. Comme en Allemagne où les données sont aussi médiocres.

Les États-Unis accusent une baisse depuis le début des années 2010. Les garçons y vivent en moyenne 76 ans, les filles cinq ans de plus. En France, les garçons vivent en moyenne jusqu'à 80 ans, les filles jusqu'à 85,4 ans.

1- Eurostat.

Le redoutable défi du surpoids et de l'obésité

Plus d'un milliard de personnes sont en surcharge pondérale dans le monde avec un indice de masse corporelle (IMC) > 25 et au moins 300 millions de personnes sont obèses (IMC > 30). Le surpoids et l'obésité causent près de 3 millions de décès chaque année. Aux États-Unis, « les enfants pourraient avoir une espérance de vie plus courte que celle de leurs parents[6] ». Pire, les maladies non transmissibles (MNT) dues aux mauvais régimes alimentaires ne sont plus l'apanage des riches. 5,1 millions de personnes devraient mourir chaque année d'une MNT avant l'âge de soixante ans dans les pays pauvres. Seule l'Afrique n'est pas touchée. Mais dans les pays pauvres, les MNT sont rapidement mortelles même si le décalage entre l'apparition de l'obésité et l'augmentation des dépenses de santé est important, impliquant des surcoûts considérables en termes de soins, notamment pour ce qui est lié au diabète.

Les mauvais régimes alimentaires, riches en sel et en alcool, conjugués à un manque d'exercice physique augmentent la pression artérielle et les risques d'attaque cérébrale, de maladie cardiaque et d'insuffisance rénale. Les régimes riches en graisses saturées qui accroissent le cholestérol causent 2,6 millions de décès par an.

La lutte contre les MNT, non inscrite dans les objectifs du Millénaire pour le développement (2000), est cruelle pour les familles les plus démunies : 100 millions de personnes tombent chaque année dans la pauvreté faute de pouvoir s'offrir les soins dont elles ont besoin. Le traitement du diabète coûte le quart du revenu d'un ménage en Inde.

La valeur ajoutée d'un cadre fondé sur les droits de l'homme

Une approche fondée sur les droits de l'homme, c'est-à-dire la responsabilisation, la participation et la non-discrimination, est mise en œuvre pour gagner en efficacité et parvenir à des solutions viables à long terme. Le volet sur la responsabilisa-

6- S.J. Olchamsky *et al.*, « A potential decline in life espectancy in the United States in the 21st century », *New England Journal of Medicine*, vol 352, n° 11 (2005), p. 1143.

tion signifie qu'on attend des résultats et que faute d'en avoir, il faut changer d'action. Sur la participation, Olivier De Schutter attend des partenariats locaux dans une chaîne de réaction positive; notamment en faveur des groupes les plus vulnérables (principe de non-discrimination).

Bâtir de nouveaux systèmes agroalimentaires

La faillite du modèle alimentaire américain qui augmente considérablement le nombre des maladies non transmissibles impose de nouvelles politiques agricoles qui écartent les aides aux céréales et au soja poussant à la surproduction et la surconsommation[7] au profit des légumes secs comme les lentilles ou les pois cajan, ou les fruits et légumes à des prix abordables, avec un effort sur la réduction des pertes après les récoltes. Entre 1961 et 2009, la production de fruits et légumes a augmenté de 332 % alors que celle d'oléoprotéagineux s'est accrue de 610 % et celle de viande de 120 %. Pendant la même période, le nombre de calories consommées dans les pays en développement a augmenté de 119 % pour la viande, 127 % pour le sucre et 199 % pour l'huile végétale.

Ce sont les politiques agricoles qui ont produit ces changements par deux biais: le maïs et le soja devenus des intrants commodes et bon marché pour l'industrie agroalimentaire et l'élevage. De plus en plus de céréales, dont le maïs, sont utilisées pour produire des édulcorants à base d'amidon, consommés à hauteur de 306 kcal par jour (en l'an 2000), soit trois fois plus qu'en 1962. La « valeur ajoutée » de l'agroalimentaire a été de transformer les aliments en les enrichissant en acides gras saturés, trans, en sel et en sucres. D'autre part, les régimes alimentaires sains avec grande variété de fruits et légumes sont plus onéreux que les régimes riches en huiles, sucres et graisses.

7- L. S. ELinder, « Obesity, hunger and agriculture: the damaging role of subsisdies », *Bristish Medical Journal*, voL 331, n° 7528 (2005), p. 1333-6.

Il a été montré une forte corrélation entre faibles niveaux d'instruction et de revenus et taux d'obésité, de diabète et de cardiopathie coronarienne[8].

Des chaînes alimentaires mondialisées

La situation nutritionnelle mondiale est, en partie, formatée par des chaînes alimentaires : d'un côté, des pays en développement exportant des aliments de qualité comme les fruits et légumes tropicaux, d'un autre côté, ces mêmes pays important des grains raffinés… Les micronutriments ont vu leurs prix monter et les familles pauvres sont contraintes adopter des régimes alimentaires peu variés. Cet effet « baisse de prix » a transformé les schémas épidémiologiques anciens (maladies infectieuses et de carence alimentaire) en schémas nouveaux (maladies cardiovasculaires, diabètes type II, certains cancers et obésité), notamment dans les pays émergents (Brésil, Chine, Afrique du Sud, Mexique).

La mondialisation des chaînes a « des répercussions négatives sur les systèmes alimentaires locaux et augmente l'emprise écologique des systèmes alimentaires ». En outre, l'agroalimentaire est devenu un secteur très rentable d'investissements couplé avec le développement des supermarchés ouvrant un accès facile aux aliments transformés, notamment les sodas, comme cela a été calculé au Mexique[9]. Le rapport vise aussi les pratiques commerciales : publicité télévisée, placement des produits, partenariats promotionnels, marketing direct jusque dans les écoles, toutes opérations pour des produits… « préjudiciables pour la santé[10] ».

8- J. Banks *et al.*, « Disease and disadvantage in the United States and in England », *Journal of the American Medical Association*, vol. 295, n° 17 (2006), p. 2037 à 2045 ; P. Monsivais *et al.*, « Are socio-economic disparities in diet quality explained by diet cost? », Journal of Epidemiology and Community Health (en ligne seulement), 2010.

9- C. Hawkes, « Uneven dietary development: linking the policies and processes of globalization with the nutrition transition, obesity and diet-related chronic diseases », *Globalization and Health*, vol. 2, n° 4 (2006). La consommation de sodas a quasiment doublé entre 1992 et 2002 au Mexique et expose surtout les enfants.

10- B. Kelly *et al.*, « Television food advertising to children : a global perspective », *American Journal of Public Health*, vol. 100, n° 9 (2010), p. 1730 à 1736.

Comment façonner de nouveaux systèmes agroalimentaires ?

L'Assemblée mondiale de la santé a recommandé depuis 2002 de limiter l'apport énergétique en graisses saturées et en acides gras trans, de consommer davantage de fruits et légumes et veiller à consommer du sel iodé. Les industriels des aliments pour nourrissons doivent respecter les injonctions qui leur sont faites et appliquer les normes du Codex Alimentarius. Les États disposent de la fiscalité comme le montrent les taxes appliquées sur les aliments et boissons à teneur élevées en graisses, sucres et sel (HFSS) au Danemark, en Finlande, en France et en Hongrie. 10 % de taxes sur les sodas, c'est 10 % de baisse de la consommation[11]. L'Union européenne et les grands États disposent de fonds pour subventionner des politiques de marché agricoles, d'un arsenal de règles pour contraindre les industriels à ne plus promouvoir des aliments réputés dommageables à la santé et, enfin, d'organiser la transition vers des systèmes locaux et régionaux par l'encouragement à l'agriculture urbaine et périurbaine. Ce qui signifie des infrastructures ad hoc (dans les pays en développement), un soutien aux marchés fermiers, la distribution de repas sains à l'école dans les pays en développement comme dans les pays riches, l'installation de jardins scolaires.

En conclusion de ce rapport, Olivier De Schutter rappelle que le prix payé par le monde pour les graves dysfonctionnements des systèmes alimentaires est « exorbitant ». Les populations des pays riches paient trois fois pour un système qui est une « recette pour être en mauvaise santé ». Trop de subventions agricoles peu judicieuses, une commercialisation avec des bénéfices déductibles des impôts et des coûts importants pour les systèmes de soins dont les budgets sont grevés par des maladies non transmissibles. Le rapporteur insiste sur le fait que le secteur privé doit s'abstenir d'imposer des interventions nutritionnelles lorsque les systèmes locaux offrent des régimes alimentaires du-

11- A. Astrup *et al.*, « The role of reducing intakes of saturated fat in the prevention of cardiovascular disease: where does the evidence stand in 2010?», *American Journal of Clinical Nutrition*, vol. 93, n° 4 (2011), p. 684 à 688).

rables. Il enjoint les responsables à assurer aux travailleurs tout au long de la chaîne d'approvisionnement « un salaire minimum vital », que les agriculteurs obtiennent « des prix justes ».

Ce volet social est en plein écho avec la réalisation d'un droit à une alimentation suffisante qui est l'une des conditions minimales de la dignité humaine.

Conclusion
POUR L'AVENIR, RAISONNER AUTREMENT

À l'heure des repas, apparaît sur l'écran de télévision la silhouette d'un enfant esseulé, affamé qui fixe la caméra de ses grands yeux noirs. Au Nord, ceux qui regardent, repus et tranquilles, sont hypnotisés par cette image qui entre, là, dans leur périmètre de sécurité familiale. Cette scène nous renvoie à nos questionnements sur l'alimentation. Nous repus, eux affamés. Quelqu'un s'occupe-t-il de cela, dans le monde ? Cette géopolitique culturelle de l'alimentation montre que oui. Un peu plus tard, le programme de la soirée proposera peut-être une énième scène de téléréalité sur les pathologies du trop manger, ou un film documentaire sur les turpitudes de certains industriels inconscients de leur responsabilité. D'autres angoisses, d'autres colères rentrées et un sentiment de fatalité. La faim et l'obésité sont les deux faces d'une même pièce, et elles concentrent nos peurs devant notre difficulté à maîtriser nos approvisionnements. Du coup, nous oublions alors cette part de l'alimentation qui nous fait plaisir (celle des banquets et de l'abondance) et qui nous relie au monde.

Désir de manger, désir de l'autre

L'aspect géopolitique de l'alimentation n'est pas seulement dans le rapport de force entre les ventres creux et les ventres pleins, entre ceux qui veulent boucler les marchés par des brevets et ceux qui seraient dans la dépendance. C'est tout cela et bien plus encore. Notamment l'appartenance à une ou des cultures alimentaires qui nous font considérer ce que mange l'autre comme différent et enviable en même temps. En Europe, nous ne consommons pas les criquets grillés qu'on apprécie en

Afrique, mais l'Afrique nous est désirable aussi à travers cela. De même pour un Japonais, la France et ses fromages, pour un Anglais l'Italie et sa charcuterie, pour un Indien les Philippines et le *dimsum*. Ce « décentrement » de soi est la racine même du tourisme qui exploite cette part « ouverte » de l'humanité. Après avoir épuisé le charme des vieilles pierres de Volubilis, l'étonnement devant les toiles d'un Zao Wou-ki ou l'architecture de titane d'un Franck O'Gehry, il reste au touriste une expérience encore plus forte du lien social: la nourriture, qui deviendra l'un des ingrédients les plus sûrs d'un voyage réussi. Ce goût de l'autre dans sa différence attire l'être humain parce que la différence le renvoie à lui-même.

La force des cuisines, « c'est de définir une véritable juridiction alimentaire sans pour autant exclure les produits nouveaux[1]. » Il y a là une réponse à ce besoin de semblable et un sens inné de l'aventure culinaire. Mais pas dans n'importe quelles conditions, notamment pour ce qui est du goût qui se dégrade dans les cuisines industrielles.

Une planète stable, mais des brassages continuels

Le mangeur d'aujourd'hui est intégré dans un grand jeu géoalimentaire mondial composé de plusieurs forces:

– Des forces d'inertie, distribuées en aires repérables par la géographie dans lesquelles toute nouveauté déséquilibre une part de l'ensemble, parfois jusqu'au drame. On peut citer quelques exemples, comme l'engouement des Irlandais au XIXe siècle pour la pomme de terre qu'ils ont payé très cher par une famine. Ou encore comme l'Occident paie son goût pour la nourriture d'origine industrielle par une pandémie d'obésité, jamais connue dans l'histoire. L'incursion d'une nouvelle nourriture standardisée (et, donc, industrielle) pourtant réclamée par certains mangeurs se solde par un échec au-delà de la sphère de compétence industrielle des produits de base alimentaires (sucre, farine, produits gras, boissons). Quand l'industrie se mêle de cuisine, elle désapproprie le mangeur des caractères identitaires que fournit toute cuisine. Les logos et

1- « Manger. 10 000 ans d'inventions alimentaires », *Science et Vie*, n° 238, mars 2007.

autres marques pourtant géographiques ne sauraient aider un mangeur désorienté.

– Des forces de brassage, qui sont les cultures culinaires se mêlant les unes aux autres dans des temporalités assez longues et des modalités qui gardent la trace des bouleversements géopolitiques[2]. Toutefois la distribution des grandes cultures alimentaires marque une assez forte stabilité. Ainsi, des zones existent dans le monde où les céréales, les légumineuses et les tubercules constituent le pivot de l'alimentation (blé, riz, maïs, soja, pommes de terre et manioc), et d'autres zones où l'élevage induit la consommation de sous-produits (le lait, les fromages) ou de viande. Sur ces bases-là, la diversification est infinie à travers les plantes, notamment les épices et les condiments, les mélanges calibrés sur ce qui est acceptable pour les mangeurs en fonction de cultures, ce qu'elles valorisent et ce qu'elles interdisent[3]. Les grandes zones de brassage sont les pays riches qui absorbent les cultures culinaires des autres et diffusent des modes de manger par des systèmes industrialo-marchands mis en place depuis le XIXe siècle.

Cette mémoire géopolitique est très puissante à œuvrer à la diffusion et à la résistance en même temps des modèles dominants à toutes les époques. Les grandes invasions en Europe venues de l'Eurasie ont détruit l'Empire romain et construit un empire « protéiné[4] » qui s'est maintenu en Europe du Nord ; il a diffusé la viande et le lait à partir du XIXe siècle en Amérique du Nord et les pays neufs (Australie, Argentine) avec des forces industrielles incomparables. L'installation du monde islamique en Méditerranée orientale a reformaté le brillant héritage culinaire persan et diffusé des plats et saveurs végétales et animales très marquées. La Chine et le Japon se sont construits sur des siècles

2- Par exemple, à partir des Grandes Découvertes (XVIe-XVIIIe siècles), on assiste à la naissance de ce qu'on appelle le petit-déjeuner en France composé de boissons tropicales (une d'origine africaine, le café, une asiatique, le thé et une américaine, le chocolat) a duré au moins deux siècles. Elle a donné des pratiques différentes dans les pays voisins : en Europe, le salé est resté au Nord, mais il a disparu au Sud. Au Nord, la structure d'un repas résiste alors qu'au Sud, ce repas a quasiment disparu. L'étude des horaires du dîner, précoce au Nord, tardif au Sud, expliquent en partie cette dichotomie.

3- Ainsi, le développement d'un produit comme l'huile d'olive a eu lieu surtout dans la zone méditerranéenne et au Nord, mais peu dans le reste du monde occidental.

4- C. Boudan, *Géopolitique du goût,* Puf, 2004, 2008 (rééd.).

et sont devenus aujourd'hui des pays conquérants sur le plan culinaire alors que l'Inde qui fut au cœur des échanges en Asie diffuse peu son système complexe de saveurs épicées. L'Afrique et l'Amérique latine sont pour l'instant hors jeu et n'ont pas de forces de résistance. Enfin, l'Europe latine au sens large du terme tente d'échapper aux logiques industrielles par un instrument géopolitique par excellence, les terroirs, qui tentent, non sans mal, de maintenir une culture culinaire urbaine d'idéal domestique, proche du monde paysan avec des variations jusqu'à la gastronomie. Pour autant, cette « maquette » de la géoalimentation mondiale va bouger ces prochaines décennies : le match paysans/industriels n'est pas gagné d'avance pour l'une ou l'autre des parties. Les produits de l'élevage seront très surveillés et leur coût de production et de transformation est tel qu'il n'est pas exportable.

L'avenir s'écrit aussi avec les paysans

Car le modèle alimentaire dominant, appuyé d'une part sur une agriculture chimique et productiviste que certains persistent à appeler « conventionnelle » alors qu'elle est très récente dans l'histoire de l'agriculture et, d'autre part, une industrie qui a intérêt à inverser le rapport végétal/animal est, certes, copié par les classes riches des pays émergents. Mais c'est une absurdité de penser qu'il s'imposera, notamment parce que les nouvelles classes urbaines ne passent pas toutes par cette transition alimentaire, pour des raisons culturelles évoquées plus haut. Le discours dominant qui est d'accroître la production agricole mondiale de 50 % d'ici 2030 et la doubler d'ici 2050 est intenable[5]. Les surfaces cultivables sont très insuffisantes pour produire les protéines animales nécessaires, l'énergie également insuffisante et le coût sanitaire de cette alimentation de luxe n'est pas chiffré mais il est à mettre en rapport avec l'incidence de nombreuses pathologies. Qui peut deviner l'auteur de ces lignes : « On estime que d'ici 2020, les deux tiers de la charge mondiale de morbidité seront imputables à des maladies non transmissibles chroniques, pour la plupart, nettement associées au régime alimentaire. Le passage à une alimentation comportant davantage de denrées

5- P. Debré, président du Cirad.

alimentaires raffinées, d'aliments d'origine animale, de graisses joue un rôle majeur dans l'épidémie actuelle d'obésité, de diabète et de maladies cardio-vasculaires, entre autres affections non transmissibles » ? L'Organisation mondiale de la santé, en 2002[6].

La solution géopolitique à la sécurité alimentaire qui doit garantir à tous les humains le droit de se nourrir n'est pas dans la production mais dans la répartition équitable des biens, selon Patrice Debré, président du Cirad (Centre de coopération internationale en recherche agronomique pour le développement). Anne Bauer[7] confirme : « Il existe partout des réserves de productivité importantes, freinées par la guerre, la corruption, l'ignorance, l'absence de financement, d'équipements ou d'infrastructures. » À l'autre bout de la chaîne, on ne pourra pas laisser le secteur agro-industriel sans l'encadrer plus fortement. Pourquoi doit-on attendre des chercheurs la dénonciation des abus de position dominante ? Ainsi, le Leopold Center for Sustainable Agriculture[8] de l'université de l'Iowa a calculé que l'alimentation des habitants de Vancouver parcourt en moyenne de 2400 à 4800 kilomètres avant d'être consommée. L'occasion de réapprendre à mettre la géographie au cœur de pratiques un peu moins absurdes.

La géopolitique peut donc redéfinir les règles de l'alimentation. En respectant un minimum de faits anthropologiques sur ce que l'alimentation dit de notre rapport au monde, on peut éviter les pathologies alimentaires, d'autant plus indignes que des êtres humains n'ont pas l'essentiel pour vivre. Le discours du « toujours plus pour toujours mieux » est à proscrire pour son mépris du minimum de règles économiques qui devraient offrir à tous les humains l'accès à l'alimentation. Les technologies, enfin, bien qu'elles soient d'une prodigieuse efficacité, ne doivent pas aveugler les décideurs et, encore moins, les chercheurs. À se mettre au service du profit avant celui de l'humanité, elles risquent de perpétuer les crises d'un monde qui se croit à la pointe du progrès et qui danse sur un fil.

6- *Bulletin of the World Health Organization*, 80:1212, 952-958.

7- « Les OGM ne sauveront pas la planète de la faim », *Les ÉCHOS*, 14 AVRIL 2008.

8- A. Smith, J.B. MacKinnon, *The 100-Mile Diet, a Year of Local Eating*, Vintage Canada (cf. J.-P. Géné, *Le Monde 2*, mars 2008)

ATLAS POLITIQUE DE L'ALIMENTATION

Cartographie : Flavie Holzinger.

- Un système alimentaire mondial inégalitaire
- Les émeutes de la faim et l'insécurité alimentaire en 2007-2008
- Les pays émergents pèsent sur le marché mondial des agrocarburants
- L'achat de terres agricoles en Afrique et en Asie se poursuit
- La pollution de l'eau touche aussi les pays en développement
- L'agriculture biologique dans le monde : l'Europe se mobilise

Un système alimentaire mondial inégalitaire

MALNUTRITION...

Proportion de personnes sous-alimentées
dans la population totale,
dans les pays en développement

- Moins de 10 %
- De 10 à 30 %
- De 30 à 50 %
- Plus de 50 %
- Données non disponibles

... CONTRE SURPOIDS

- Pays dans lesquels plus de 20 % de la population est obèse

  IMC (Indice de Masse Corporelle) supérieur à 30

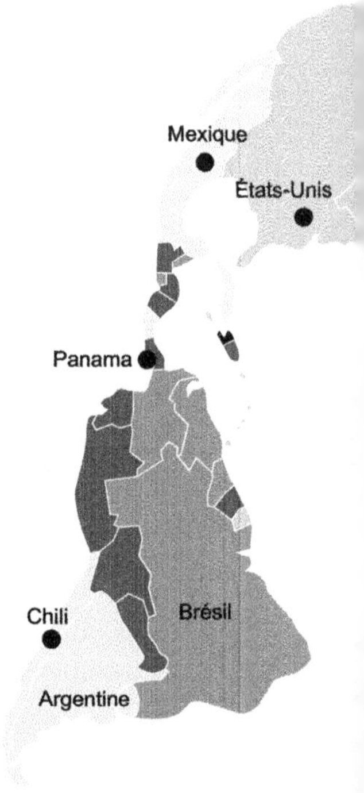

SOURCES : RAPPORT "L'ÉTAT DE L'INSÉCURITÉ ALIMENTAIRE DANS LE MONDE", FAO, 2011; GLOBAL DATABASE ON MASS INDEX, OMS

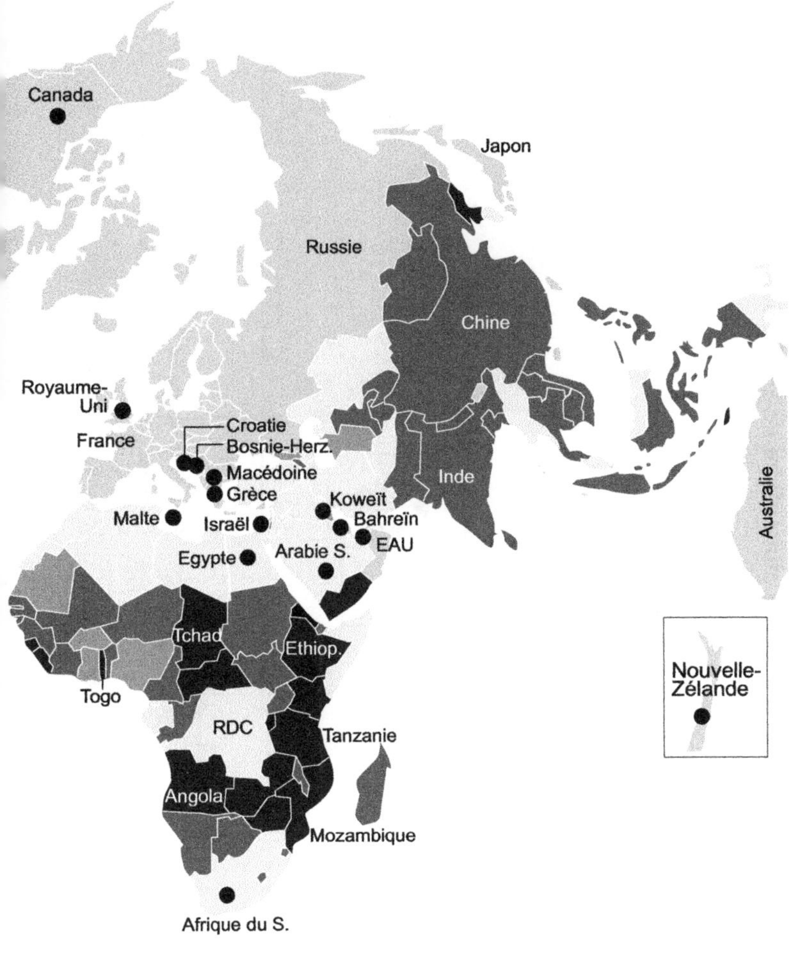
Canada
Japon
Russie
Chine
Royaume-Uni
France
Croatie
Bosnie-Herz.
Macédoine
Grèce
Inde
Australie
Malte
Israël
Koweït
Bahreïn
EAU
Egypte
Arabie S.
Tchad
Ethiop.
Nouvelle-Zélande
Togo
RDC
Tanzanie
Angola
Mozambique
Afrique du S.

Les émeutes de la faim et l'insécurité alimentaire en 2007-2008

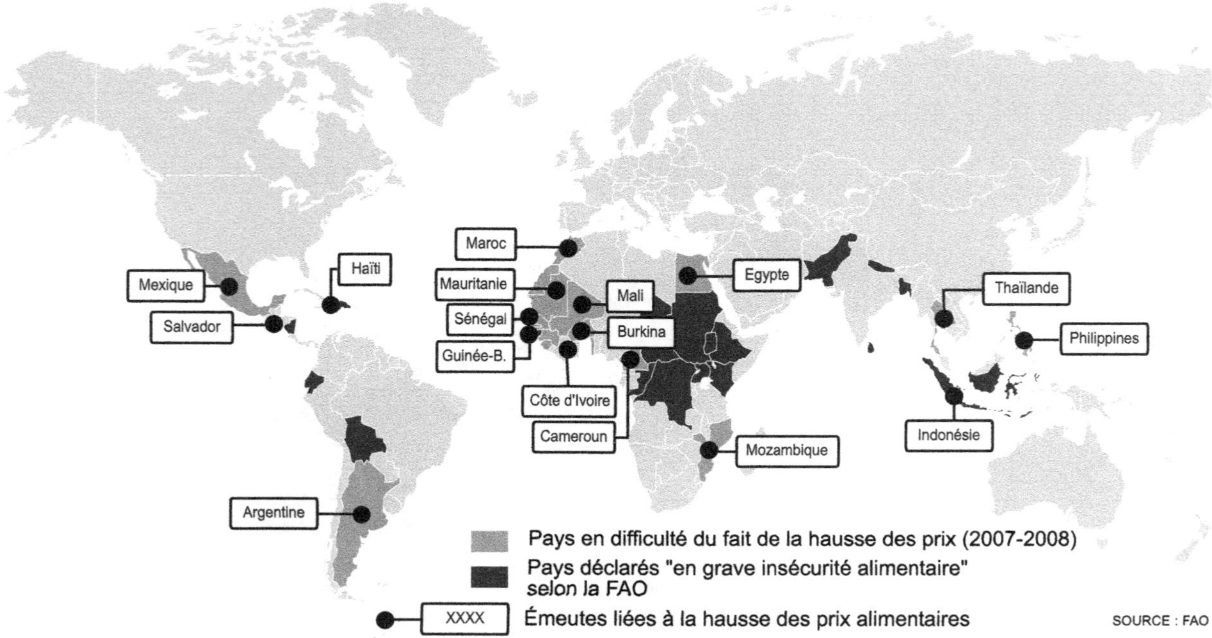

SOURCE : FAO

Les pays émergents pèsent sur le marché mondial des agrocarburants

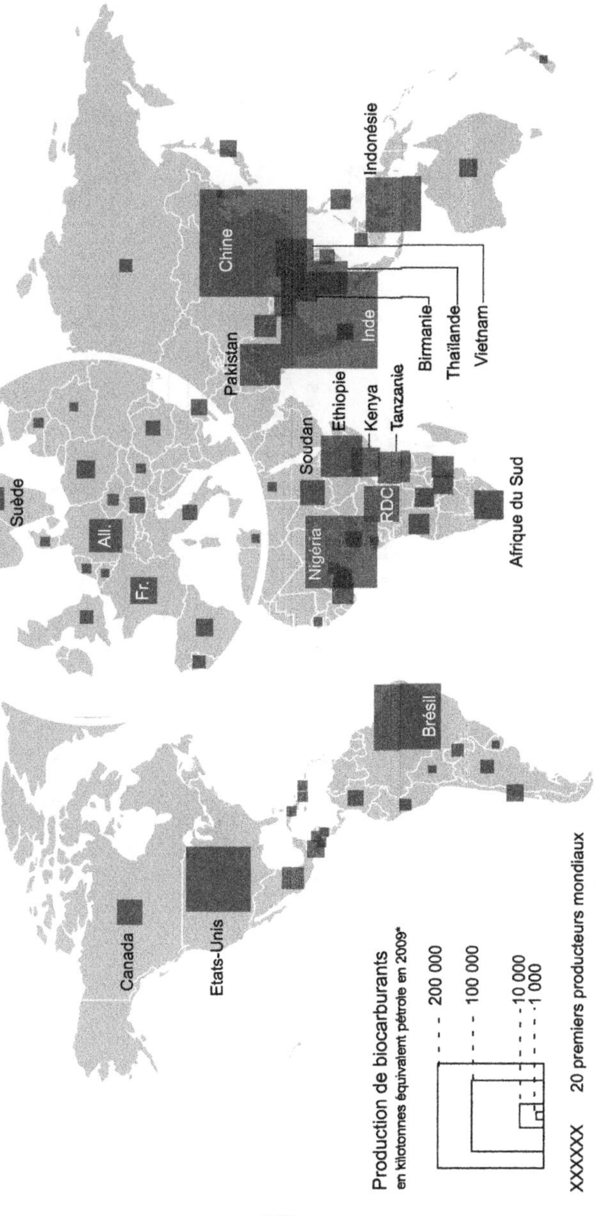

* Pays dont la production est supérieure à 1 000 kilotonnes

SOURCE : FAO STATISTICAL YEARBOOK 2012

L'achat de terres agricoles en Afrique et en Asie se poursuit

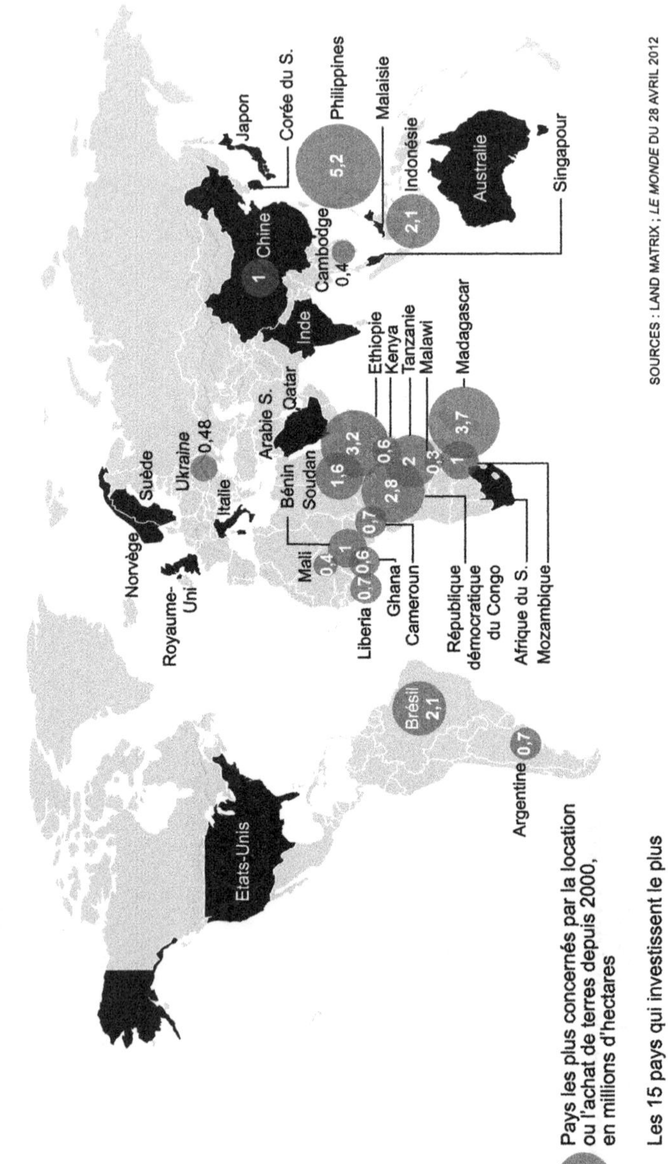

La pollution de l'eau touche aussi les pays en développement

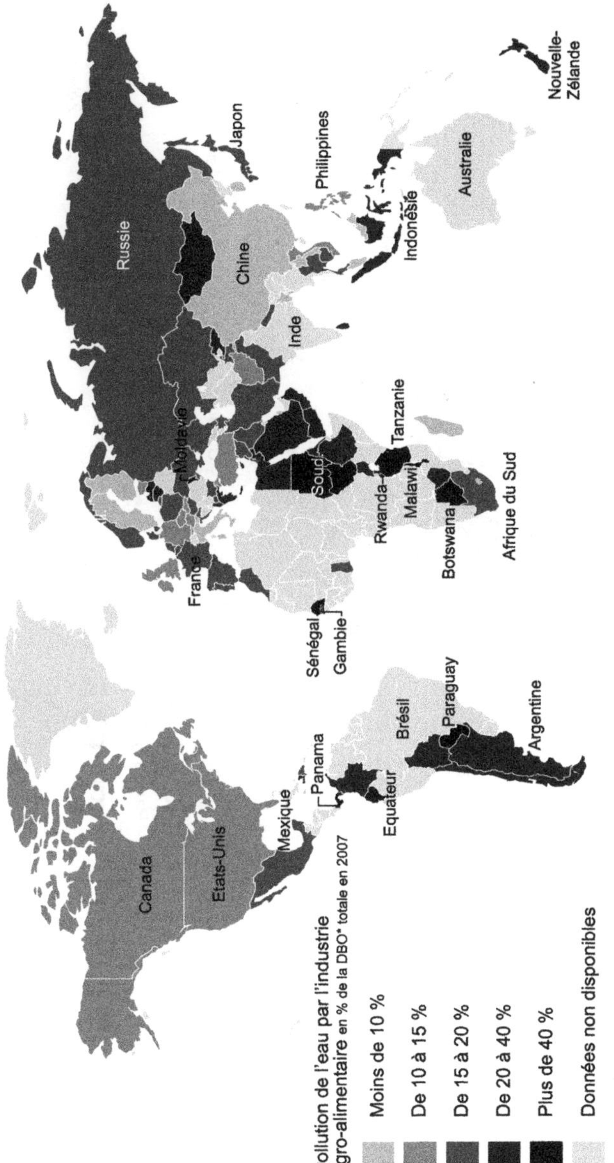

SOURCE : FAO STATISTICAL YEARBOOK 2012

* La Demande Biologique en Oxygène est un indice de pollution de l'eau

L'agriculture biologique dans le monde : L'Europe se mobilise

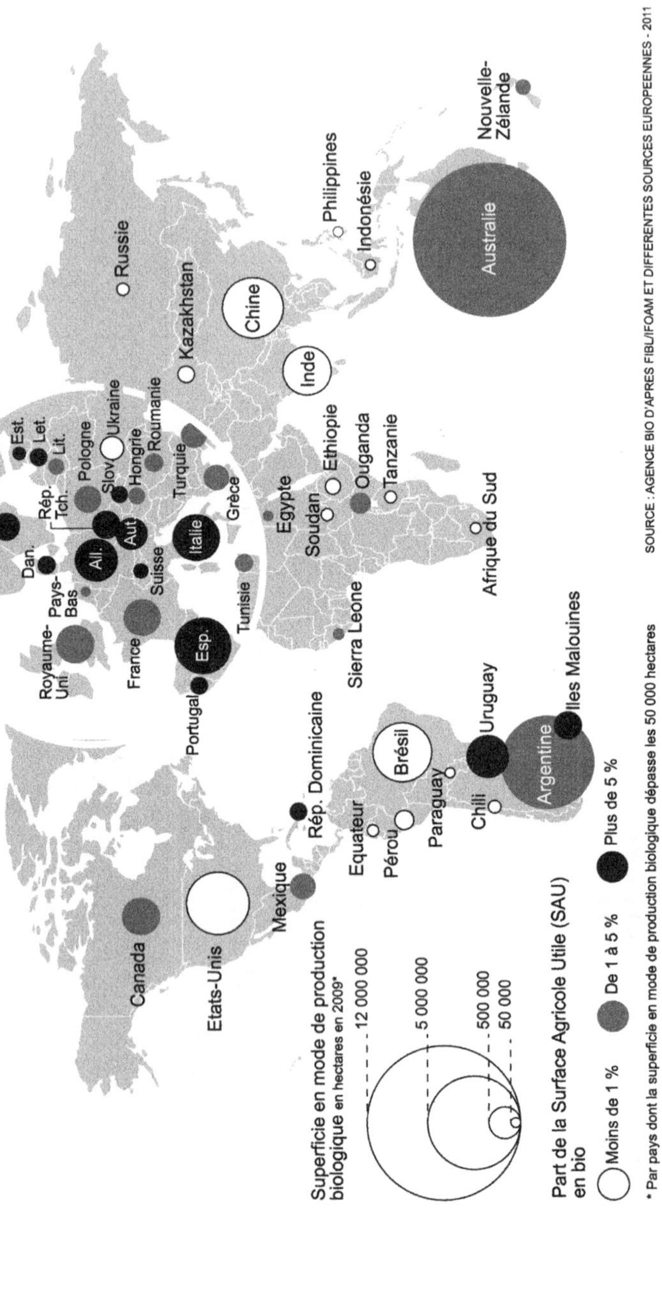

GÉOPOLITIQUE DE L'ALIMENTATION EN CHIFFRES

1. La crise du printemps 2008 (FAO)

Augmentation des prix entre janvier 2007 et mars 2008 (les céréales deviennent des produits financiers)

- Blé : + 130 %
- Maïs : + 40 %
- Riz : + 81 %

La faim

- 875 millions de personnes souffraient de la faim (mars 2008)
- 2 à 5 millions d'enfants de moins de trois ans meurent chaque année de malnutrition

L'aide

- 770 millions de dollars : rallonge demandée par G. Bush au Congrès américain
- 755 millions de dollars : rallonge d'urgence demandée par le Programme alimentaire mondial pour l'année 2008
- 440 millions d'euros : montant de l'aide pour laquelle la Commission européenne s'engage en 2008

2. La pauvreté reste massive dans les campagnes

Nombre de personnes pauvres vivant avec moins d'un dollar par jour en 1993 et en 2002, en millions

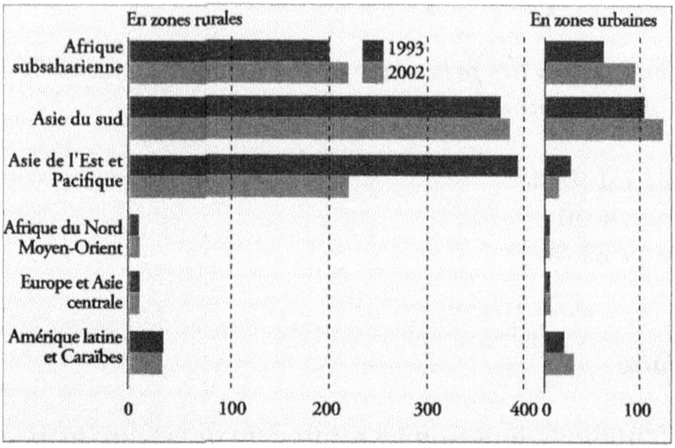

Source : Ravallion-Chen-Cangraula, 2007.

3. Sous-alimentation et développement

Personnes souffrant de la faim dans les pays en développement

1970 : 960 millions
2008 : 875 millions
2016 : 815 millions, soit 11 % de la population mondiale

La répartition des personnes malnutries dans les pays en (avril 2008)

Asie et Pacifique	527,2 millions
Proche-Orient et Afrique du nord	37,3 millions
Amérique latine et Caraïbes	52,1 millions
Afrique subsaharienne	213 millions
Total des pays en développement	830 millions
Monde	875 millions

Source : FAO.

4. L'abandon de l'agriculture dans les pays agricoles

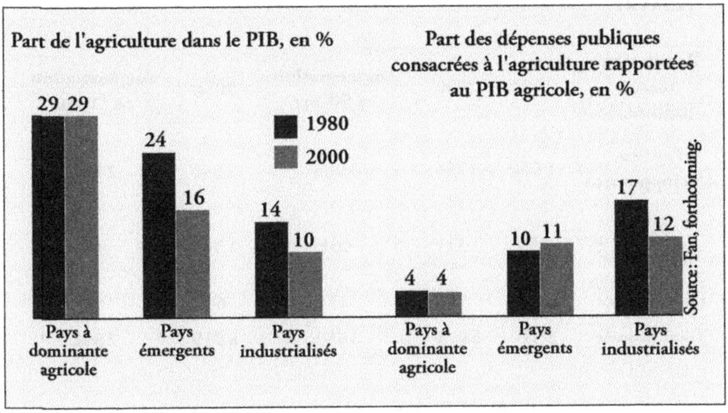

5. Profils diététiques (en %, données 2001-2003)

	Céréales et produits d'origine végétale	Produits d'origine animale	Fruits, légumes, tubercules, légumineuses	Autres
États-Unis	56,3	27,7	9	7
France	57	37	9,2	6,4
Japon	60,9	20,4	7,7	11
Russie	60,6	18,3	14,8	6,3
Inde	78,2	7,7	30,3	3,8
Chine	59,7	20,8	7,7	5,8
Bangla Desh	90,9	3,1	4,9	1,1
Burkina Faso	80,7	4,5	3,2	11,6
Algérie	78,6	9,9	8	3,5
Brésil	59	21,5	14,1	5,4
Guatemala	77,9	9,2	8,9	4
Monde	65,2	16,7	12,6	5,5

Source : FAO, 2006.

6. Évolution de la population mondiale de 1950 à 2050 (FAO)

Population totale (millions)	1950	2000	Augmentation en 50 ans	2050	Augmentation en 50 ans
Pays en développement	1666	4754	3088	7556	2802
Pays développés	853	1317	464	1363	46
Dont France	42	59	17	64	5
Total monde	2519	6071	3552	8919	2848

7. Estimation de la croissance de la population mondiale jusqu'en 2050 (FAO)

Population (millions)	2005	2010	2020	2030	2040	2050	Évolution 2005-2050 millions	%
Afrique	888	984	1188	1398	1608	1803	915	103
Proche-Orient	402	445	530	609	684	746	344	85
Amérique centrale et du Sud	519	553	616	666	702	722	203	39
Asie	3918	4149	4570	4887	5103	5222	1305	33
Canada + États-Unis	332	348	379	407	430	448	116	35
Union européenne (à 15)	381	383	385	383	378	370	-11	-3
Total monde	6454	6830	7540	9130	8594	8919	2465	38

BIBLIOGRAPHIE THÉMATIQUE

Géographies et agronomie

ALTIERI A. M., *L'Agroécologie. Bases scientifiques d'une agriculture alternative*, Debard, 1986.

AUFRAY M., PERRET M. (sous dir.), *Cuisine d'Orient et d'ailleurs. Traditions culinaires des peuples du monde*, Glénat, 1995.

BRUNEL S., *Famines et politique*, Presses de Sciences Po, 2002.

BOUDAN C., *Géopolitique du goût*, Puf, 2004, 2008 (réed.)

BRUEGHEL M., LAURIOUX B., *Histoire et identité alimentaire en Europe*, Hachette, 2002.

CAPATTI A., MONTANARI M., *La Cuisine italienne. Histoire d'une culture*, Seuil, 2002.

CARMIGNANI P., LAURICHESSE J.-Y., THOMAS J., *Saveurs, senteurs : le goût de la Méditerranée*, Presses universitaires de Perpignan, 1998.

COUSIN F., MONZON S., *Cuisines du monde. Gestes et recettes*, Éd. du CNRS, 1982.

DEL AMO J.-B., *L214. Une voix pour les animaux*, Arthaud, 2017.

DUFUMIER M., *Agricultures et paysanneries des tiers-mondes*, Karthala, 2004.

DUFUMIER M., *Famine au Sud, malbouffe au Nord. Comment le bio peut nous sauver*, Nil, 2012.

ÉLIE G., *La Plaine*, Éditions Amsterdam, 2018.

FUMEY G., RAFFARD P., *Atlas de l'alimentation*, CNRS-Éditions, 2018.

FUMEY G., « La mondialisation de l'alimentation », *L'Information géographique*, n° 2-2007.

FUMEY G., « Penser la géographie de l'alimentation », *BAGF*, n° 1-2007.

FUMEY G., *Manger local, manger global. L'alimentation géographique*, CNRS-Éditions, 2009.

FUMEY G., *Les Champs du monde*, Glénat, 2010.

FUMEY G., *Les Radis d'Ouzbékistan. Tour du monde des habitudes alimentaires*, Bourin, 2011.

GRIFFON M., *Nourrir la planète. Pour une révolution doublement verte*, Odile Jacob, 2006.

GRIFFON M., *Pour des agricultures écologiquement intensives*, L'Aube, 2011.

GOUROU P., *Riz et Civilisation*, Fayard, 2000.

MAZOYER M., ROUDART L., *Histoire des agricultures du monde*, Seuil, 2002
NAHON D., *Sauvons l'agriculture*, Odile Jacob, 2012.
NOUAILLAS O., *La Ferme aux mille terroirs*, Éditions du Chêne, 2017.
PADILLA M., *Alimentation et nourritures autour de la Méditerranée*, Karthala-CIHEAM, 2000.
PARMENTIER B., *Nourrir l'humanité*, La Découverte, 2007.
PFIRSCH J.-V., *La Saveur des sociétés. Sociologie des goûts alimentaires en France et en Allemagne*, Presses universitaires de Rennes, 1997.
RABAUDY N. (de), *La Haute Cuisine française*, Minerva, 2000.
RAINELLI P., *Gagnants et perdants de la mondialisation*, Le Félin, 2007.
ROSSI G., *L'ingérence écologique*, CNRS-Éditions, 2000.
ROWLEY A. (sous dir.), *Les Français à table. Atlas de la gastronomie française*, Hachette, 1997.

Anthropologie, sociologie, alimentation, droit et cuisine

COLLECTIF, *Le Mangeur du XXIe siècle. Les aliments, le goût, la cuisine et la table*, colloque de Dijon, Educagri, 2003.
AHARONI I., *La Cuisine des rues*, Minerva, 1999.
ASCHER F., *Le Mangeur hypermoderne*, Odile Jacob, 2005.
BATAILLE-BENGUIGUI M.-C., COUSIN F., *Cuisines, reflets des sociétés*, Sépia, 1996.
BENSOUSSAN M., *Les Particules alimentaires*, Maisonneuve & Larose, 2002.
CHASTANET M. (*et alii*), *Cuisine et Société en Afrique. Histoire, saveurs, savoir-faire*, Karthala, 2002.
COHEN P., *Le Cari partagé. Anthropologie de l'alimentation à l'île de la Réunion*, Karthala, 2000.
COLLART-DUTILLEUL F., *La Charte de la Havane. Pour une autre mondialisation*, Dalloz, 2017
DUMAS A., *Le Grand Dictionnaire de cuisine*, Phébus, 2000.
FISCHLER C., MASSON E., *Manger*, Odile Jacob, 2008.
HENGEL I., *Les Arts de la table français*, Chêne, 1998.
PITTE J.-R., *Gastronomie française*, Fayard, 1991.
STENGEL K, SAINT-POL T. (de) (sous dir.), *Les Enjeux sociaux des cuisines du futur*, L'Harmattan, 2016.
THIS H., *Les secrets de la casserole*, Belin, 1993.
THIS H., *Révélations gastronomiques*, Belin, 1995.
THIS H., *Casseroles et Eprouvettes*, Belin, 2002.

Histoire

BOTTERO J., *La Plus vieille cuisine du monde*, Louis-Audibert, 2002.
CSERGO J., *Pot-au-feu. Convivial, familial, histoire d'un mythe*, Autrement, 1999.
FERRIERES M., *Histoire des peurs alimentaires*, Seuil, 2002.
FLANDRIN J.-L., MONTANARI M., *Histoire de l'alimentation*, Fayard, 1996.
FLANDRIN J.-L., *L'ordre des mets*, Odile Jacob, 2002.
FLANDRIN J.-L., COBBI J., *Tables d'hier, tables d'ailleurs. Histoire et ethnologie du repas*, Odile Jacob, 1999.
FLANDRIN J.-L., *Chronique de Platine. Pour une gastronomie historique*, Odile Jacob, 1992.
GARABUAU-MASSAOUI I. (sous dir.), *Alimentations contemporaines*, L'Harmattan, 2002.
MAILLARD J., *Histoires de tables*, Flammarion, 1989.
MONTANARI M., *La Faim et l'Abondance. Histoire de l'alimentation en Europe*, Seuil, 1995.
PELT J.-M. (et *alii*), *La Plus belle histoire des plantes*, Seuil, 1999.
PLANHOL X. (de), *L'Eau de neige*, Fayard, 1995.
ROWLEY A., *Une histoire mondiale de la table*, Odile Jacob, 2006.
SERVENTI S., SABBAN F., *Les Pâtes. Histoire d'une culture universelle*, Actes Sud, 2000.
TALLET P., *La Cuisine des pharaons*, Actes Sud, 2002.
VERNANT J.-P., DETIENNE M., *La Cuisine du sacrifice en pays grec*, Gallimard, 1979.
YERASIMOS S., *À la table du Grand Turc*, Actes Sud, 2001.

Cuisiniers et critiques de cuisine

ADRIA F., *Los secretos de El Bulli. Recetas, technicas y reflexiones*, Altaya, 1997.
BRAS M., *Bras, Laguiole, Aubrac, France*, éd. du Rouergue, 2002.
DERENNE J.-P., *L'Amateur de cuisine*, Stock, 1996.
DERENNE J.-P., *La Cuisine vagabonde*, Mazarine, 1999.
DUCASSE A., *Spoon cook book*, éd. Alain Ducasse, 2004.
PEYNAUD E., *Le Goût du vin*, Dunod, 1980.
PUISAIS J., *Le Goût juste des vins et des plats*, Flammarion, 1985.
VEYRAT M., *Encyclopédie culinaire du XXIe siècle*, Philéas Fogg, 2003.

Littérature et cinéma sur l'alimentation

ADAMS D., *Le Dernier restaurant avant la fin du monde*, Denoël, 1982.
BARBERY M., *Une gourmandise*, Gallimard, 1965.
BLIXEN K., *Le Dîner de Babette*, Gallimard, 1961. Film de G. AXEL, 1987.
CHATELET N., *Histoire de bouches*, Mercure de France, 1986.
DAY T., *La Voie du sabre*, Gallimard, 2002.
GREENAWAY P., *Le Ventre de l'architecte*, film, 1987 ; *Le Cuisinier, le voleur, la femme et son amant*, film, 1989.
ROSSI P., *Manger. Besoin, désir, obsession*, Arléa, 2012.

INDEX

TABLE DES MATIÈRES

Table des encadrés

DANS LA COLLECTION
La Petite Bibliothèque de Sciences Humaines

Pierre Bourdieu, sous dir. M. Navarre, 2023
La Psychologie de l'enfant en 30 questions, sous dir. H. Lhérété, 2022
Le Dictionnaire encyclopédique du développement durable, 3e édition, P. Jacquemot, 2021
L'Autisme, sous dir. F. Trécourt, 2021
Bibliothèque idéale de psychologie, sous dir. J.-F. Marmion, 2020
Les 100 penseurs de l'économie, sous dir. C. Quintard, 2020
Villes durables, sous dir. C. Rymarski, 2020
La Démocratie, sous dir. J.-V. Holeindre, 2020
Edgar Morin. L'aventure d'une pensée, sous dir. J.-F. Dortier et L. Yousfi, 2020
Claude Lévi-Strauss, sous dir. N. Journet et J. Sopova, 2019
Durkheim et la sociologie française. D'hier à aujourd'hui, S. Juan, 2019
Qu'est-ce que l'adolescence ?, sous dir. V. Bedin, nouvelle édition, 2019
Les Grands penseurs du langage, sous dir. N. Journet, 2019
Les Nouveaux territoires du numérique, P. Beckouche, 2019
La Grande Histoire du christianisme, sous dir. L. Testot, 2019
Le Travail sous tensions, M. Lallement, nouvelle édition, 2018
La Grande Histoire de l'islam, sous dir. L. Testot, 2018
Les Globalisations, P.-N. Giraud, nouvelle édition, 2018
Géopolitique de l'alimentation, G. Fumey, nouvelle édition, 2018
Les Troubles de l'enfant, sous dir. H. Lhérété et J.-F. Marmion, 2018
Les Grands penseurs de l'éducation, sous dir. M. Fournier, 2018
La Psychologie aujourd'hui, sous dir. J.-F. Marmion, 2017
La Motivation, collectif, 2017
Les Grandes idées politiques, sous dir. H. Lhérété, 2017
Les Grands mythes. Origines, histoire, interprétation, sous dir. N. Journet, 2017
Michel Foucault. L'homme et l'œuvre, héritage et bilan critique, sous dir. H. Lhérété, 2017
La Famille aujourd'hui. Entre tradition et modernité, S. Dupont, 2017
Troubles mentaux et psychothérapies, sous dir. J.-F. Marmion, 2016
Les Grands penseurs des Sciences Humaines, sous dir. N. Journet, 2016
Freud et la psychanalyse, sous dir. J.-F. Marmion, 2015
L'Enfant et le monde. Psychologie de l'enfant, état des lieux, sous dir. V. Bedin et H. Lhérété, 2015

Les Penseurs de la société, sous dir. X. Molénat, 2015

Les Clés du langage. Nature, origine, apprentissage, sous dir. J.-F. Dortier et N. Journet, 2015

Dix questions sur le capitalisme aujourd'hui, R. Chartoire, 2014

Apprendre. Pourquoi? Comment?, sous dir. V. Bedin et M. Fournier, 2014

Le Dictionnaire des sciences sociales, sous dir. J.-F. Dortier, 2013

Histoire et philosophie des sciences, sous dir. T. Lepeltier, 2013

La Reconnaissance. Des revendications collectives à l'estime de soi, collectif, 2013

La Parenté en question(s), sous dir. V. Bedin et M. Fournier, 2013

Pensées rebelles. Foucault, Derrida, Deleuze, collectif, 2013

Une histoire des sciences humaines, J.-F. Dortier, 2012

Philosophie. Auteurs et thèmes, collectif, 2012

Histoire de la psychologie, sous dir. J.-F. Marmion, 2012

Paix et guerres au XXIe siècle, D. Battistella, 2011

Philosophies et pensées de notre temps, collectif, 2011

Violence(s) et société aujourd'hui, sous dir. V. Bedin et J.-F. Dortier, 2011

La Société numérique en question(s), I. Compiègne, 2010

Littérature et sciences humaines, E. Rallo Ditche, 2010

Le Langage. Introduction aux sciences du langage, sous dir. J.-F. Dortier, 2010

Cinq siècles de pensée française, sous dir. N. Journet, 2010

L'Intelligence de l'enfant, sous dir. M. Fournier et R. Lécuyer, 2009

La Sociologie, sous dir. X. Molénat, 2009

La Psychologie. Histoire, concepts, méthodes, expériences, E. Demont, 2009

Pierre Bourdieu. Son œuvre, son héritage, collectif, 2008

Le Dictionnaire des sciences humaines, sous dir. J.-F. Dortier, 2008

La Bibliothèque idéale des sciences humaines, sous dir. V. Bedin et M. Fournier, 2008

Achevé d'imprimer en mars 2023, par
La Nouvelle Imprimerie Laballery
58500 Clamecy (Nièvre)
Dépôt légal : deuième trimestre 2018
N° impression : 303276

Imprimé en France